エリートと教養

ポストコロナの日本考

村上陽一郎
東京大学名誉教授・国際基督教大学名誉教授

753
中公新書ラクレ

はじめに

　近年リベラル・アーツという言葉が人々の口に上ることが多くなりました。大学関係のみならず、企業経営などにも、リベラル・アーツ的な視点が、などと言われます。どうやら、「教養」に替わる言葉として使われるようです。それほど、「教養」というのは、使い難い言葉なのでしょうか。

　けれども、教養とリベラル・アーツとは、言葉の生い立ちも、使われる場所も、そして何よりも内容そのものも、本来異なった概念だと私は思います。その理由は、本書を読んで下されば判っていただけるはずですが、「教養」という言葉が、日本の近現代史のなかで持たされるに至った、ある種の「臭み」が、この概念を疎ましく思わせていることは、私にも判ります。

　加えて、エリートもまた、嫌われていることでは人後に落ちません。初等・中等教育における「エリート校」は、いささかの羨望を交えながら、しかし、本来あってはならないのに、というような否定的な意味も含んで使われますし、エリート趣味、エリート臭い、などになると、ほとんど丸々、唾棄すべき何か、という判断が載せられている趣です。

そうした傾向を支える根底には、「平等」ということに対する強い指向性が働いているように思われます。とりわけ戦後、民主主義の名の下で、「平等」は至高の価値を獲得しました。敗戦直後の重要なラジオ番組の冒頭には、毎回「天は人の上に人を造らず、人の下に人を造らず」という福澤諭吉の言葉が重々しく引用・宣言されました。福澤の文章はその後に「と言へり」が付されていて、そう言われてはいるけれども、という逆接的な表現であったことは、わざと無視されていました。トクヴィルというフランス人は『アメリカの民主制』という名著の中で、「人は時に隷従の中でさえ、平等を求める」と書いています。ちなみに付け加えれば、トクヴィルは、自由の行き過ぎた状態が放縦であることには、誰もが気付くが、平等の過度の状態の負の面には気付き難い、とも言っています。

このように書くと、お前は平等を主張することが間違っているというのか、度し難い反動分子だ、とお叱りを受けそうです。無論、私は平等の大切さを否定するつもりは全くありません。しかし、平等の要求とは、理不尽に人よりも下位に置かれることへのプロテストではあっても、個人が、天から与えられた才能と、本人の厳しくも激しい努力の積み重ねによって、人並みを超えようとすることに、文句を言うことではない、とは思っています。

人間は、子供であってさえ、社会的存在です。生まれた赤ちゃんは、誰かが哺育《ほいく》をしなければ、そのまま死んでしまいます。その生の初めから、人間は「人間」つまり「人々の間」で生きることになるからです。その事態から免れることはできません。そして、育っていく間に、様々な社会的役割を身に着けていきます。「男」とか「女」もその一つでしょう（今、そのこと自体が問われる場面が、問題とされるようになりました）。生徒、学生、会社員、教師……、次々に、社会的役割を「自分」として引き受けることで生きていきます。結婚していれば「妻」あるいは「夫」というのもそうした役割の一つでしょう。その際の役割（例えば上述の「男・女」など）への違和が、色々な問題に繋がることは承知していますが、そのこと自体を否定することは、不可能です。

しかし、考えてみると、そのような「役割」は、役割である以上、原理的には誰かによって代替可能と言えます。とんでもない、「妻」は、「夫」は、自分にとって「かけがえのない」存在、代替可能などと言うのはまことにけしからん。人情としては、そうあるべきでしょう。しかし、それでも、配偶者に先立たれた片割れが、やがて新しい伴侶を見つけることも、極《ご》自然な成り行きです。

では、ちょうど玉ねぎの皮むきのように、「自分」から、自分が引き受けている社会的役割を、一つ一つ引き剝がしていったとして、最後に何が残るでしょうか。いや残るものがあるでしょうか。私は「ある」と答えたい。そして、その最後に残るべきものを、自分のなかに見付け、それを耕し、それを育てる、それを自分が生きた証としようと努力を重ねる。そこに「平等」を超えた一人一人の人間の姿があり、その努力をこそ「教養」と呼ぶのではないでしょうか。人と人との繋がりは、こうした人間の「芯」同士の繋がりであってこそ、「人間」つまり「人と人との間」を作り上げるものではないでしょうか。

そんなことを考えながら、本書を書きました。どこかに共感を感じて下さる方が、おられることを念じつつ。

目次

本文DTP／今井明子

第一章　政治と教養

「理性と教養が邪魔して」

教養について、私は単独の書物も含めて、すでに色々と書き散らしてきた、という思いがあります。たしかに、私は大学の教養学部というところを卒業しており（したがって、頂いた学士号は「教養学士」といういささか面映《おもは》ゆいことになっています）、四〇年を超える教育現場も、その半分以上が教養学部という空間でありました。つまり学生時代も加えれば、実に人生の半分を優に超える時間を、教養学部で過ごしたことになります。教養について語る義務は常にあるかもしれない、とも思います。他方、何か新鮮な内容を語ることができるか、はなはだ心もとないのですが、とりあえずは、あまり問題のないところから整理をしておきましょう。

先に、大学から教養学士を頂いて「面映ゆい」と書きました。なぜ面映ゆいのか。教養学などという学問領域はないのに、それが学士号になっている、という変則事態が気になることが、その理由の一つでもあるのですが、そもそも「教養」という言葉が世間で使われるときの、ある種の「胡散臭さ」とでも呼びましょうか、それが「面映ゆさ」の主因でもあります。その「胡散臭さ」は、インテリとかエリートといった言葉にも、往々にして付きまとう感覚でもあります。その感覚は、一方では、インテリやエリートでない大衆からのやっかみ半分の揶揄であると同時に、インテリ層に属する人々が往々にして大衆に対してとる優越的な姿勢、今風に言えば「上から目線」（私はこの言い方は使わないのですが）が、社会のなかに紡ぎだす違和の然らしむるところに違いありません。本来砕けた、俗に落ちてよい場面などでなお、お高く留まっている人によく浴びせられる「理性と教養が邪魔して」というフレーズは、そういう違和を率直に表したものでしょう。後で述べるように、実は私は、理性と教養が邪魔しない限り、人間はサルにも劣ると本気で信じていますが。

『大衆の反逆』という名著で知られるオルテガ・イ・ガセット（一八八三〜一九五五）

は、エリートとは、大衆よりも自分が優れていると自任するような輩《やから》ではなく、大衆よりも自分に対してより重い義務を課す人間である、という意味のことを述べています。それはまさしくその通りで、教養も積めば積むほど、自らに厳しくなる、と考えるべきだと思います。

なぜ理性と教養が邪魔をしなければ、人間はサルより劣ると考えるのか。その点をはっきりさせておきましょう。話はわりに簡単です。人間は本能が壊れた哺乳動物である、という私の仮説をまず出発点に置きます。一般に、哺乳動物は、自らに与えられた欲望に対して、それらを抑制する本能を具備していると考えられます。生き物に最も主要な欲望の一つ、食欲も、例えば満腹したライオンは、目の前を格好の獲物である子鹿が通っても、目もくれません。性欲でも、雌にその準備ができていなければ、雄は野放図に雌を求めることはしません。同族と喧嘩はします。例えば雌をめぐる雄同士はしばしば、相手に傷を与えるほど激しい争いをすることがあります。しかし、相手が負けたというサインを出すのがきまりとは言え、相手を殺すようなことはまずありません。あるいは、雌数頭とその子供たちからなるライオンの家族の長に、流れ者の雄が家長の地位を乗っ取ろうと挑戦することがあります。流れ者が勝利を収め、これまでの家長を放逐して、その家族の長になったとき、その雄が、家族のなかで育てられつつある子供を食い殺すようなことも報告されています。子育て中の雌は発情が遅れるので、新しい雄はなかなか自分の種を残す機会が訪れないからです。つまりごく小規模な同族殺戮の例は、動物のなかにも見られます。

「人間性」の発揮と歯止め

しかし人間はどうでしょう。一発の爆弾で、一〇万人を超す同じ人間の仲間を、一瞬に殺すことも平気で、あまつさえそこに「大義」なるものを主張することさえ厭わない。生き物にとって最も大切なことである、子孫を残す行為でも、本来の目的には適《かな》わない、小児から獣までをも欲望の相手にし、そこにも「人間性」を認めるべき、と主張する。ただ楽しみだけのために、狩りや釣りで、他の生き物の数多くの命を、種の絶滅寸前まで殺戮することさえ平気です。本来なら本能が抑制しているはずの欲望の「過剰な」発揮を、人間は「人間性」という「大義」を持ち出すことによって、正当化しているのではないか。そんな見方も成り立ちませんか。

では、人間はそうした「人間性」なるものに、一切歯止めをかけてこなかったか、と言えばそんなことはありません。原始社会においてさえ人間は、人間を超えるものの存在と、その存在が求めると思われる欲望の抑制習慣を作り出してきました。それは社会制度としての宗教に発展し、そこから放恣《ほうし》な欲望の発散を防ぐ方途が、社会のなかに構築されました。宗教は、無神論者にとっては、旧き人間たちが勝手に創出したもので、人間を超える何者かからの神秘的な啓示などを、宗教の根拠にすることは認めないでしょうが、それでも人間社会で、先に述べたような意味で、宗教が果たした、あるいは果たしつつある役割を、頭から否定することはないはずです。つまり、もうこの辺で、この言葉を使ってもよいと思いますが、基本的に「道徳」、あるいは面倒ですからここではほとんど同義とみなした上で、「倫理」は、人類史上、長らく宗教に依存してきた過去があります。モーゼの十戒は、その目覚ましい例の一つでしょう。

西欧近代の罪、あるいは功績の一つは、こうした状況に異を唱えることでした。カントが宗教に対してどのように考えていたか、という問題は、一筋縄ではいかないので、ここでは立ち入りませんが、カントが少なくとも哲学上何とか達成しようとひたすら努力をしたことの一つは、道徳の基盤を宗教から切り離し、それを人間の理性に求めることでした。

カントの試みが真に成功しているかどうか、哲学、倫理学の立場に立てば、厳しい吟味は必要でしょう。しかし、ここは、それをする場ではありません。少なくとも一般的には、現代社会は「世俗化」された社会、言い換えれば宗教に依存しない社会ですから、倫理や道徳の基盤を、宗教に求めず、人間理性に求めることは、決して不自然でも、不当でもないはずです。

慎みがあること

というわけで、教養はさておいて、「理性（が生み出す道徳的命令）が邪魔をしなければ」人間はサルにも劣る、という主張の合理性は、こうした議論からも裏付けられると思います。

そして「教養」という概念の少なくとも一部は、ここで言う「理性の戒め」を実行するための根源として働くと私は考えています。「教養ある」ということは、しばしば「知識豊かな」と同義と考えられがちですが、私は、それは事の本質ではないと思います。むしろ、前述の議論を踏まえたうえで、ごく日常的な場面に引き戻して考えれば、「教養がある」ことの意味の一つは、何事にも「慎みがある」ということなのではないでしょうか。野放図な欲望の発揮を慎む（ことによって、理性が命ずる道徳律をも遵守しようとする）ための原動力として教養を考えることは、間違っていないと私は考えます。そしてこの「慎み」は、宗教を起源とする道徳や、理性の厳しい作用の結果としての倫理とは少し違った、より広い次元での、欲望の抑制装置に付された名前であるように思われるのです。

「慎み」という日本語に最も相応しい英語は〈decency〉だと思います。英英辞典を引いてみましょう。ある辞典ではこうあります。

behaviour that is good, moral, and acceptable in society

この用語法から、イギリス語の辞典であることはご想像いただけると思います（余計なことですが、私のワードプロセッサーは〈behaviour〉と綴ると、誤表記を表す朱の下線がつきます、まことに大きなお世話です）。もう一つの例を引きます。

the acceptable or expected ways of doing something in society

あえて直訳的な解釈を施せば、前者は、「社会において、良しとされ、道徳的であるとされ、あるいは許容できるとされる行為」となり、後者は「何事かをなすに当ってのやり方として、社会において、許容される、あるいは求められるもの」とでも言えばよいのでしょうか。どちらも「社会において」という限定副詞句がついていることが眼目でしょう。

順応と「寛容さ」

念のためにディーセンシーの語源を遡れば、ラテン語の〈decet〉あるいはその名詞形の〈decentia〉であります。その意味は「適している」「適っている」です。英語に入ったときに、「社会の掟に、規範に、行動原理に、外れていない」という意味を備えたのでしょう。そうだとすると、「掟」には、無論これまで述べてきた、人間の放恣な欲望の制御装置としての道徳、あるいは倫理も当然入るでしょうが、それよりもはるかに広い社会的規範、よく「ノモス」という言葉が使われますが、そうしたものも含まれるでしょう。

　したがって、「慎み」も、ある社会で生きていく際に求められる作法、行動習慣に適っていることと解釈することができます。そして、社会がどのような行動習慣を求めているか、を「弁《わきま》えている」こと、それもたしかに知識の一部ですが、それが教養あることとの、少なくとも一部を成している、ということができるでしょう。「弁えて」いなければ、その共同体のなかでは生きられない、つまりアウトサイダーであり、ストレンジャー（ラテン語で「外部の」を意味する〈extra〉に由来する語です）であり、更にはラテン語の〈alienus〉に発する「エイリアン」（alien＝異星人）でさえあることになります。それはまた「疎外」（alienation〔英〕）された人でもありましょう。「人間」という日本語がいみじくも明確にしているように、ヒトは「人々の間」つまり「仲間」のなかで、少し気取って言えば「共同体」のなかで、もっと普通に言えば「社会」のなかで、初めて「人間」になれる、というのは厳然たる事実です。その仲間が積み重ねてきた行動習慣、行動様式に順応することが、まずは人間としての最低限の義務ということにもなります。その義務を果たすための準備を整えてくれるのが教養でもあります。知識の多いことが、教養があることとは別物だ、と私が強く主張する所以《ゆえん》もここにあります。

　もちろん人間は、自分の属する共同体の行動習慣に常に従うわけではありません。そこから意図的に離反し、反抗する自由を与えられていると言えます。当然共同体は、それを良しとはしません。イエスは、ユダヤ共同体の内的原理に反して行動したために、死をもって贖《あがな》わなければなりませんでした。多くの革命家がそうした運命を辿っています。しかし、如何なる革命家でも、「人間仲間」としてこれをすべきである、これはすべきではない、これはした方がよい、これはしない方がよい、という区別立て一切を否定するものはいません。いずれ、その人物を中心に新しい共同体が生まれれば（生まれなければその革命は全くの無駄ということになりましょう）、そこにはそうした行動習慣が生まれます。

もう一度確認しておきます。「教養ある」とは、人間が仲間内で静穏に生きていくために弁えておくべき行動習慣（私はかつてそれを「規矩《きく》」という言葉で表現しました）を実践できることです。ただし、一つだけ条件があります。これまでの記述では、「教養ある」ことは完全に周囲の共同体からの受動的な状態のようにうけとられるかもしれません。しかし、通常共同体の行動習慣には広い幅があり、相当な許容度・自由度がありま す。人間は、そのなかで、どの範囲までを自分は守るか、それは自発的に決めなければなりません。完全にそこから離れようとする場合は、前述の「革命家」になりますが、いずれにしても、そこに、人間個人の自由度があり、「能動的」な働きがあります。規矩は、他がどうあろうと、自分はここまでを許容度とする、という強い意志によって裏付けられるものであります。と同時に、自分の定めた規矩とは異なった行動習慣に従っている仲間に対しても、彼らの自由度を認めるだけの「寛容さ」が強く求められます。そうでなければ、人間の社会は、ロボットの社会になってしまいます。教養について、私が何を考えているか、ということの中心的なところは、ここに述べた内容だと、お察し下さい。

他者との意思の疎通

こうした点から派生する、教養についての大切な局面の一つを指摘しておきましょう。それはコミュニケーション能力ということです。当然のことながら、カントが考えようとした、人間理性に淵源する道徳の場合は、基本的に人間（ばかりでなく、理性を備えた存在ならば誰にでも、例えば異星人でも）すべてに普遍・妥当な行動原理であり、行動に関する命令でありました。しかし、「慎み」あるいは「ディーセンシー」をめぐる議論では、普遍的な原理と全く無関係ではないにせよ、ある特定の社会（共同体）が積み上げてきた行動習慣であり、「掟」が問題になりました。そうしたものは、時間と空間の関数である側面が強く、言い換えれば、時代と社会とによって、大幅に揺れ動く、という性格をもっています。そこに生まれる変動の幅は、歴史、あるいは文化という大きな言葉で表現されるものの関数であると同時に、一つの共同体の内部においてさえ、変動の幅は小さいとは言え、大人と子供、男と女、就いている職業などなどの関数でもあります。そして、自分が属するそうした下位共同体のなかにも、特有の行動習慣がありす。そうした他者の行動習慣を理解すること抜きに、他者とのコミュニケーションは成り立ちません。先ほど「寛容」という概念を持ち出した理由の一つはまさしくそこにあります。ちなみに、先ほどから繰り返し触れているカントは、こうした「他者」の入れ子構造を、法律の立場から、国内法、国際法、人類法、宇宙法とでも呼べるような概念で捉えようとしていました。

話を戻します。自らの規矩はしっかりと定め、守りながら、それ以外の規矩に従って行動する人々を理解するだけの自由度を、自らのなかに持ち続けること、これも「教養ある」ことの一つの局面であります。そして、それが少なくともある程度達成されていない限り、その意味での「他者」とのコミュニケーションも断絶した状態にとどまらざるを得ません。言い換えれば、「教養ある」ことの一つの結果は、どんな他者とも、意思の疎通を（少なくともある程度の充分さをもって）行うことができる状態、と言ってもよいのでは、と考えています。

ユーモア、レトリック、遠き慮り

その点から、教養に関して、今までに全く触れてこなかった領域にも一言しておきたいと思います。それは日本の政治の世界の現状に関することです。今、政治家（特に政権側の）の使う表現の頻度が高いものを考えてみますと、「しっかり」「他の部局（『国々』ともなります）と連携して」「万全を期し」「慎重に進めていきたい」「総合的に判断して」「スピード感をもって」「させていただく」などでしょうか。そして、実はそれ以外の表現はほとんど見当たらないのです。つまり、政治家の発言は、どんな主題であろうが、これらの表現を組み合わせれば、それでお終いになる、というのが現状です。そこにはユーモアも、巧みなレトリックも、遠き慮《おもんぱか》りも、何もない。いずれも恂《まこと》にもっともですが、結局は何も言っていないに等しい。もっとも政権側の政治家の発言が、このように、「ごもっとも」なことに限局されたものに終始してしまうのは、春秋の筆法のようですが、野党側にも大いに責任があります。議会では、政策に関する本質的な議論はそっちのけにして、政権側の政治家の片言隻句《へんげんせきく》を捉えて、鬼の首でも取ったように、ひたすら失言として追及し続ける。それでは、政治家は、当たり障りのない、しかし内容皆無の、前述のような発言しかできないことにもなります。かつて、議会は、もう少し自由で、闊達《かったつ》な論戦が戦わされていたように思います。お経を読むような調子の説明が延々と続いて、一段落した際、すかさず、〝ご焼香、次の方どうぞ〟とヤジを飛ばした三木武吉氏の例があった（その適切・不適切は別にして）時代を思い起こすと、いささか呆然たる思いがします。

「政治家よ、教養人たれ」

それはともかく、かつて山崎正和さんは『社交する人間』（中央公論新社）という本のなかで、社交人としての政治家を論じています。その内容は、当の書物を読んでいただくとして、ただ、山崎さんは、私がこれまでに述べてきたような意味での「教養」を、政治家に求めている、と私は思います。政治家同士の自由なコミュニケーションは当然のこととして、様々な階層の人々の行動習慣に充分な配慮をすることができるだけの、自由度、許容度を自分のなかに設定し、自らの理想を、政治家の仲間内の行動習慣を越えた「他者」たちに向かって、共感を得、それを共有することの喜びを頒《わ》かち合う体験を演出することが、政治家として必須の能力ではないか。そのために、政治家は、付き合う相手が、政治家、官僚、財界人、そしてたまに選挙民のみという、恂に貧しい状況から抜け出さなければならない。そんなことを、私は山崎さんの書物から読み取りました。

今更、とも思いますが、逆に今こそ、「政治家よ、教養人たれ」というメッセージが大切になっているような気がいたします。日本人にとって（ということは、当然私自身も含みますが）苦手なウィットやユーモアも、心の余裕、あるいは自由度から生まれますし、それは、「教養ある」存在に許された能力でもありましょう。

第二章　コロナ禍と教養

歴史と感染症

地震や大水、飢饉、流行病などは、人類を襲う災害として、常に身近にありました。人間の歴史は、そうした災害と戦う歴史としての側面を持っていると言えます。実は人類史に独特な「災害」として考えなければならない重要な一面は、戦争です。初めから脱線するようですが、戦争という概念は、人類にのみ存在すると言ってよいでしょう。他の生物でも、同族の殺戮《さつりく》は、小規模な形でなら見当たります。しかし、人類のように、同じ生物種の成員が、文字通り死力を尽くして、お互いに殺しあう、というような愚行に走る生物種は、他にありません。もともと、そのような生物種があったとしても、そのこと自体が、その種を絶滅に追いやる要因になるはずですから、進化史のなかで、生き残らなかったでしょう。ホモ・サピエンスは、その強大な負の進化要因を抱えながら、地球上にかくも繁栄してきたのですから、それはそれで、解明しなければならない原因があるに違いありません。ここでは、その作業をする場所ではありませんので、指摘するだけに止め、本来の話題に戻りましょう。

上に挙げた災害の中で地震、大水は、戦うと言っても、被害の大きさを小さくする手立てを講じることはできても、原因そのものを制御することは、今日まで全く不可能と言ってよいでしょう。天災と言われる所以でもあります。ちなみに、英語では「天災」に相当する言葉の一つに〈Act of God〉があります。「神の御業《みわざ》」なら、人間には手の出しようがない、つまり「不可抗力」という法律用語としても使われる表現のようです。飢饉も、最終的には天候が左右する現象ですから、この部類に入れてもよいのかもしれません。

しかし、流行病に関しては、人間は、極最近のことではありますが、それを制御する方法を見つけたかに見えました。歴史時代に入って、旧い文書のなかにも流行病の記録は多々あります。ここで、それらを渉猟することはとてもできませんが、代表的な例を挙げれば、旧約聖書に現れる「ツァラート」という言葉は、日本ではかつて「癩《らい》」と訳されていました。「癩」は、今は使われなくなりましたが、今のハンセン病に使われる習慣がありました。しかし、この文字は、現代のハンセン病だけを指すわけではなかったようです。当時は、病気を原因に応じて、一つ一つ同定することをしなかった、あるいはできなかったために、症状を大まかにまとめて考えるほかはなかったからでしょう。もっとも中国の伝統医学である漢方では、今も病因の追求よりも、表に現れる「症」を大切にする傾向があります。

話を戻すと、中国の古書『史記』のなかにも、「癩」と並んで「癘」という概念がしばしば現れます。日本式の読みは「らい」もしくは「れい」ですが、「癩」に近い流行病一般に相応する概念と考えられます。日本の記紀にも「えやみ」と読める概念が見られますが、漢語では「白癩《びゃくらい》」などと置き換えられていますから、やはり流行病を広く覆う概念であったのでしょう。

こうした流行病に対する社会の対抗手段は、ほとんど常に「棄民」でした。旧約聖書でも、患者は通常の社会から放逐されて、狭い谷間に隔離されていたことを示す記事が見受けられます。八世紀初め、光明皇后は、見捨てられる患者を救うために、興福寺に悲田院、施薬院を設けたことは、良く知られています。栃木県の場合が有名ですが、全国に「山あげ」という概念が残っています。栃木県那須烏山の「山あげ」祭は、悪疫退散を願う神事に発し、今では文化行事の一つとして大変な賑わいを見せますが、「山あげ」という言葉の裏には、流行病に罹患した人間を、山に捨てるという習慣が潜んでいると言われています。

流行病のなかでも、人類史に大きな影を落としてきたものの一つがペストですが、その最大規模の世界流行と言われる十四世紀の場合も、病原体というような概念は一切考慮されていないにも拘わらず、イタリアでは、病気の猖獗《しょうけつ》地から来航した船は、四十日間港外に留め置き、上陸を許さない、という処置がとられました。「四十」という意味のラテン語由来の〈quarantine〉が、今では「検疫」の意味で使われていることは、今回のウイルス禍で、日本人にも常識になったようです。イタリアのある町では、病者は、町の郊外に捨てられること、これを運んだものは十日間町に戻ることは許されないこと、などが町条例で決められ、違反者は、財産の没収、場合によっては火刑という過酷な罰則さえ定められました。

要するに、流行病に対する唯一の対抗手段が、つまり健常者と病者の接触を絶つ、という、今でも通用する大原則が、極めて古くから考慮されていたことがわかります。

つまり、歴史上永らくは、流行病もまた、原因を追求し、それを制御する、ということで対抗することのできる災害ではなく、起こってしまったら被害をできる限り小規模のまま食い止めることで対応するしかない災害であったわけです。

この状況に大きな変化が起こったのは十九世紀のことでした。

病原微生物学の誕生

ドイツの医家コッホ（Robert Koch, 1843~1910）を中心としたグループが、病原微生物学を確立したことが、その変化の主因でした。彼ら（そのなかには、日本の北里柴三郎〔一八五二~一九三一〕も含まれています）は、コレラ菌、結核菌、牛疫、破傷風菌などを次々に同定し、同時に、病気一般を、個有の病原体に起因する病気として、一つ一つ分離して確認するという、画期的な考え方を医学の中心に置くことに成功しました。

コレラと赤痢は全く違う病気である、それゆえ対策も、通常の流行病対策に加えて、別途考慮しなければならないし、考慮することができる。これだけの認識が、流行病——このあたりで、現在の呼称である「感染症」に切り替えます——との闘いに、どれほど大きな効果があったか、計り知れません。一つ一つの病気の原因に、直接切り込む可能性が開けたのですから。

もちろん行き過ぎもありました。この頃日本では、脚気《かっけ》が極めて重要な医療問題でした。日露戦争で陸軍が、兵士の食糧に白米を選んだ（実際、貧しい田舎から徴兵制度で軍隊に入ったとき、毎度白米のご飯が食べられることに感激した兵士の言葉が残っているくらいです）結果、戦死者に匹敵する数の戦病死者を輩出したと言われますが、その相当数が脚気によるという報告があります。ちなみに海軍は白米を使わなかったので、病死者は少なかったそうです。そして脚気の病原体を発見した、という報告が、帝国大学（現在の東京大学）の教授から発表され、これに反対する北里柴三郎らとの間に論争が起こったことがあります。軍隊のような同じ環境に多くの人間が生活する（今風に言えば「密」な状態）なかで、一斉に発現する病気でしたから、感染症と受け取られても仕方のないところもあったのでしょう。戦後、私たちの記憶に残っているケースもあります。いわゆるスモン（今でも世間では「スモン病」という言い方が使われることがありますが、「スモン」〔SMON = subacute myelo-optico-neuropathy〕という表現自体がすでに「症」あるいは「病」という言葉を含んでいるので、「病」を付けることは誤りです。念のため）が、まだキノホルムによる薬害であることがわかる前には、感染症ではないか、という疑いが医学関係者の間でも広がっていて、患者が謂《いわ》れのない扱いを受けた、という実例もあります。

話を戻すと、病気の原因となる細菌が特定できると、その細菌の流通過程を追いかける、という特定の防疫態勢が組めることになりますし、あわよくば、その病原菌だけを、どこかの過程で殺すことで、根源的な対応策を実施する可能性が生まれます。実際、いわゆる抗菌剤の開発がそれに当りますし、その頂点となったのが、二十世紀に開発されたペニシリンをはじめとする抗生物質であったことになります。

こうした展開の中で、一つの暗雲が残されました。細菌類を同定するのに使われる手順の一つに濾過《ろか》があります。色々な大きさの隙間を持つ濾紙によって、特定の大きさをもった菌類を掬《すく》い上げるわけです。ところが、通常のいかなる濾紙をも透《とお》ってしまいながら、病原体として作用するらしい何者かの存在が、二十世紀になって気付かれ始めたのです。文字通り、日本では「濾過性病原体」と呼ばれました。ヨーロッパ圏では〈virus〉と呼ばれるようになりました。腫瘍を調べたとき、癌である場合に、「悪性の」という言葉が使われますが、英語では〈virulent〉です。もともとラテン語で

「毒」を示す語であった〈virus〉が、そのまま使われたことになります。

ウイルスは、それ自体は「生物」とは言えない何かです。生物の、生物としての特性は、第一に「内」と「外」との区別があること（生物の最小単位として細胞では、細胞膜を境にした区別）、第二に、内と外の区別を基に、代謝（内から外への物質の動きと、外から内への物質の動き、その交換現象）があること、第三に、自己複写すること（自分と同じものを作り出すこと）、最後に、第三と矛盾するようですが、長い時間の間に自己変化（進化）すること、などが挙げられます。ウイルスは、第二の特性を欠いています。第三の特性は、第二の特性が機能することで、達成されますので、結果的には第三の特性をも欠いていることになります。大きさという点では、細菌もウイルスも当然まちまちですが、それでも、ウイルスは、細菌類に比べると、一桁ほど大きさに差があります。極端に大雑把な概括を試みれば、生命の根源である細胞の中に存在するＤＮＡやＲＮＡが、そのまま裸で存在しているのがウイルスと言えるかもしれません。

しかし、新型コロナの蔓延では、ウイルスは、ヒトの体の中でどんどん増えており（自己複製をしており）、かつ自己変化をもしている（変異株の発現）ではないか。それは人の体内に取り込まれたウイルスが、ヒトの細胞の中に入り込んで、細胞の持つ第一、第二の機能を借用する、という戦略を備えているからです。細胞があって、初めて生物としての特性を示し得るもの、つまり、ウイルスとは本質的な意味で「寄生」の「半生物」とでもいえばよい存在です。

したがって、という言葉が、言葉通りの働きでここでは使われるのですが、一つ一つの細菌に魔弾のように効果を表す「抗生」物質は、ウイルスには利きません。「生」物としての細菌に「抗」う物質としての「抗生物質」は「半」生物には原理上利かないのです。

社会的インフラストラクチャーと感染症

明治維新前、江戸時代に最も恐れられた病気は、まず天然痘でした。その名残は維新後にも続きました。私が子供の頃には、まだ天然痘の後遺として、顔面にあばたを散らした人にお目にかかることがままありました。夏目漱石（一八六七～一九一六）も、あばたが残った有名人の一人でしょうか。天然痘に関しては、日本の伝統医学もまんざらではありませんでした。中国、清時代の医学書に啓発されたとはいえ、元久留米藩士で、秋月藩（現福岡県朝倉市）の藩医であった緒方春朔《しゅんさく》（一七四八～一八一〇）が、種痘法を実施したからです。古くはインドでも、天然痘に一度罹ったものは二度と罹らない、という俗信が伝わっていたと言います。十八世紀末、天然痘が流行した際に、病人の瘡痂《かさぶた》を粉にして、鼻から吸い込ませるという方法だったようです。つまりこの種痘は、ジェンナー（Edward Jenner, 1749~1823）が牛痘を使ったのと違って、人痘であったわけです。いわばこうした試みは現代のワクチンに相当するわけですが、ワクチン（vaccine）という言葉は、「牛」を表す〈vacca〉に由来します。

幕末長崎をはじめ幾つかの都市に種痘所が設立されることになりますが、中でも江戸のお玉ヶ池に伊東玄朴（一八〇〇~七一）が建てた種痘所は、帝国大学の医科大学の前身となったことで有名です。こうして、天然痘が、とにかく対策の全くない状態から人類が抜け出すことができた感染症となったとすれば（現在は、世界から一応駆逐されたことになっています）、幕末から明治期にかけて、恐怖の的になったのはコレラでした。

コレラの日本での記録は、十九世紀初期、外国船の長崎来航に伴って始まり、その後、明治期に至るまで、年間十万人を超える死者を出す年が何回も重ねられたと記録は伝えています。今回のウイルス禍は二年以上続いていますが、日本での死者の総数は、二〇二一年一二月の段階で一・八万人ほどですから、コレラの流行が如何に深刻であったかが判ります。致死率も六割を超す数字が残されています。

　赤痢、そして小児に起こる疫痢も、人の命を奪い続けました。「疫痢」というのは、今となっては正体不明というか、社会の話題からは外れてしまいましたが、私の子供の頃は、親たちが最も恐れていた病気の一つでした。小学校低学年まで、私は、よほどのことがない限り、誰が触ったか判らないから、という理由で、お金に触らせてもらえませんでしたし、例えばバナナを食べる時は、皮を剝《む》くまえに、アルコール湿布で、全面を消毒するのが常でした。便所の外の扉脇には、薄紅色の昇汞水《しょうこうすい》を張った洗面器が置いてあり、出入りには必ず手を洗う習慣もありました。いずれも疫痢（をはじめとする消化器系の感染症）対策として必須と考えられていました。ちなみに、私のワードプロセッサーは「しょうこうすい」と打ち込んでも、漢字変換してくれません。特に「汞」の字は探すのに苦労します。しかし、戦前には昇汞水は、ごく常識的な必需品でした。

　何が言いたかったか、と言えば、上下水道という社会的インフラストラクチャーが、まだ整備されていない社会では、消化器系の感染症が蔓延する可能性が大きかったという点です。実際私が子供の頃の家庭の便所は、どこも、いわゆる汲み取り式で、そこから湧き出た蠅が家じゅうを飛び回るのが当たり前でした。魚屋、肉屋には、店先、店内とも「蠅取りリボン」が無数にぶら下がっていました。幅三、四センチほどのリボンに「とりもち」が塗ってあって、ぶら下げておくと、蠅が一面にくっつきます。家庭の台所には蠅取り用の瓶が必ず置いてありました。中に甘酸っぱい酢の液を容れておくと、蠅が入り込みますが、一旦入ると出られないように工夫された、ガラス製のトラップです。一日置くと、中が真っ黒に見えるほど、蠅が溜まります。ウェブで調べますと、今でも蠅取りリボンは商品として販売されているようですが……。食卓では蠅帳《はいちょう》が必需品でした。蚊帳《かや》を小さくしたようなもので、食卓上の皿類に被せておきます。今、これらの品が、生活上ほとんど全く無用なのは、ひとえに上下水道が完備したからです。それだけで、消化器系の感染症は激減した、と言えると思います。なお疫痢なる感染症に関しては、二至村菁『エキリ物語――GHQと日本の医師たち』(中公新書)という好著がありますので、ご紹介しておきます。

実際、人口動態統計などを見ても、昭和初期までは、日本での死因三傑では消化器系か、肺炎などの感染症が一位を占めてきていました。

それらに替わって首位に躍り出たのが、全結核でした。結核菌が冒す人体の部位は多々あります。若者に現れることの多い、頸部のリンパ節に生じる腫脹(瘰癧《るいれき》)の主たる原因は結核菌です。骨組織を冒せばカリエス、鶏鳴下痢と言われて暁方に下痢が襲う症候が特徴的な腸結核、あるいは中枢神経が冒される結核性髄膜炎、腎へ取り付けば腎結核、という具合で、広く人体のほとんどの部位が、結核菌に感受性がありますが、中でも最も一般的なのは肺結核、つまり呼吸器系の感染症の一つです。

肺結核に代表されるような呼吸器系の感染症も、社会的インフラストラクチャーの整備程度に強く関連しています。かつてドイツの医学者ウィルヒョウ（Rudolf Virchow, 1821~1902）は、コッホ流の病原微生物学に対抗して、結核を治すのは、医学ではなくて政治だ、と強く主張しました。彼が活躍した頃は、資本主義の勃興期で、工場労働者というカテゴリーが明確化した頃でした。工場労働者は劣悪な労働環境と劣悪な生活環境の中で、集団生活を余儀なくされ、その結果結核が蔓延することになった、というのがウィルヒョウの主張の根幹でした。労働者のための寮は、日照を確保できるよう、建物の間に適当な距離をとること、食生活も充分な栄養が摂取できるよう留意すること、工場施設に関しても換気などの設備を整えること、こうした配慮を政治が強制的に資本家に要求することで、結核は防げる、とウィルヒョウは考えたのです。この辺の問題は、現代の「三密」とも共通するものと言えるかもしれません。

そして二十世紀半ば頃になって、消化器系感染症の病原体にも、呼吸器系感染症の病原体にも、それぞれ「魔弾」(抗生物質)が開発され、種痘の場合のようなワクチン利用と相まって、感染症に対する克服の可能性が、楽観的に論じられる状況が生まれてきました。事実、先にも述べたように、WHOは一九八〇年に、天然痘の世界規模での撲滅を宣言しました。

新興感染症の出現とウイルス禍

こうした楽観主義は、次々に壊されて行きます。実際、いわゆる途上国にあっては、先進圏でももはや無視できるようになった感染症が、依然として猛威を振るっている、という事態もありますが、最も衝撃的だったのは、二十世紀も半ばになって、これまでに経験したことのない感染症の出現が重なったからです。

第一は一九六九年にナイジェリアで初めて発見され、七〇年代に病原体としてウイルスが同定されたラッサ熱でした。この場合、非常に大規模な感染拡大にはなりませんでしたし、感染力、致死率も、極端に危険なものとは判断されませんでした。しかし、七六年ザイール(現在のコンゴ)に発したエボラ出血熱は、やはり病原体としてウイルスが単離されましたが、その危険度はBSL－4という最大級のもので、致死率は八〇～九〇％に及ぶ疾病でした。その致死率の高さゆえに、世界的規模の流行、いわゆるパンデミックになり損ねたわけです。これほど極端に致死率が高いと、罹患者は他者へ感染させる前に死亡してしまうからです。これらのウイルスは、現代風に言えばRNAウイルスの部類に属するものです。なおBSL番号というのは、病原体の危険度を1～4にカテゴライズし、その危険度に応じて、培養や分析などを進める実験施設の防護度を、国際的に設定するもので、かつてはP－1からP－4と呼ばれていました。BSL－4が、最高度の防護手段を講じた実験施設ということになります。

二十世紀に発見された病原性ウイルスの一つに、成人型T細胞白血病（ATL）の病原体として知られるHTLV－1があります。いわゆるレトロウイルスの一種で、後に述べるHIVもそうなのですが、免疫担当細胞の主役の一つT細胞に感染することで、免疫不全を惹き起こします。そこでの関連因子としては、現在のコロナ禍でも、急激な重症化の原因として注目されているサイトカインが関与していると考えられています。サイトカイン（cytokine＝英語）というのは、免疫機能に関して非常に複雑な働きをする蛋白質で、よく話題になるインターフェロンはその一種です。

二十世紀最後に現れた厄介な感染症ウイルスはＨＩＶでした。恐らくはアフリカのある地域に棲息しているある種のサルに、原発するものと考えられていますが、性感染症という限定はあるものの、罹患者の血液が輸血用、あるいは血清製造材料として使われた結果、いわゆる無辜感染による患者も含め、免疫系統の不全、いわゆる〈ＡＩＤＳ〉を発症させ、世界的に大きな問題になりました。

いずれも病原体はウイルスで、細菌による感染症に関して楽観的な未来を描いていた世界を、震撼させるに十分なものでした。しかも二十一世紀に入って、二〇〇三年、一二年と立て続けにＳＡＲＳ（Severe Acute Respiratory Syndrome CoV= 重症急性呼吸器症候群コロナ・ウイルス）、ＭＥＲＳ（Middle East Respiratory Syndrome CoV = 中東呼吸器症候群コロナ・ウイルス）というコロナ型ウイルスによる感染症が発生しました。幸い、どちらも本格的なパンデミックを招きませんでしたが、一九年に始まった通称 Covid-19（Corona Virus Disease 19、ウイルスの正式名は SARS CoV2）のパンデミックな展開の前哨戦であったことになります。

上の最初の二つのコロナ・ウイルスは、感染力は比較的低く、致死率は比較的高いという特徴があり、どちらも、ＷＨＯを驚かせたことはたしかですが、世界的に広がることはありませんでした。ＳＡＲＳの原発は中国、コウモリから人への感染で始まりました。致死率は約一〇％だったとされます。ＭＥＲＳは、その名の通り、中東に発し、ラクダに原発したとされていますが、致死率は四〇％前後と非常に高い値を示していました。隣国韓国で、かなりな規模の流行となり、逆に日本では、ほとんど無風状態のままであったことが、今回のウイルス禍では、両国の初期対応に差が生じた原因ではと言われています。つまり経験の有無が意味を持ったことになります。

ただ、ＳＡＲＳもＭＥＲＳもどちらも、有効なワクチンの開発には至っていないうちに、一応の終息を見ています。ここで指摘しておきたいのですが、今回のウイルス禍で、始まって一年ほどで、とにかく有効なワクチンが開発・実用化された、ということは驚くべきことなのです。我が国の製薬会社や大学などの研究機関が、そうした点で後れをとっているのは、国粋主義的な意味ではなく、実用的な意味で、残念なことですが、ウイルス研究の水準は、世界的に見ればそこまで上がってきているわけで、このことは、あまり語られませんが、高く評価してよいことだと、私は思っています。

話を戻すと、新型コロナ・ウイルスに関して、ようやくその全貌が判りかけてきましたが、感染率は、同じコロナ・ウイルスとしては先輩のＳＡＲＳ、ＭＥＲＳに比べるとはるかに高く（とりわけ異型のデルタ株は、感染率の目安の一つ、一人の人間が実際に何人の感染者を生むか、という数字である「実効再生産者数」で比べると、オリジナルなCovid-19のウイルスの四倍近いので、別種と言えるほど感染率が高い）、致死率は地域差もあって未だに明確ではありませんが、世界での感染者の総数が、二〇二一年一二月現在で約二・八億人（世界総人口の約三・六％）、死者の数は約五七〇万人となっていますから、大雑把には二％強となっています（日本では、感染者数は約一七〇万人、死者数は約一・八万人ですから、世界平均の半分の数字で、かなり低いことになります）。

これだけの基礎数字から浮かび上がってくるのは、今回の新型コロナ・ウイルスが極めて賢い戦略を備えたウイルスである、という点です。というのも、致死率が高くなると、一つには、自分が「生きて」いるために不可欠な宿主を殺してしまう可能性が大きくなる上に、エボラ出血熱ほどではないにせよ、他者へ感染させる機会が減る（実効再生産者数が低くなる）ので、自らが広く人類の上に展開することが難しくなります。しかも、感染者数が多く、死者が少ない、ということは、集団で見れば〈silent spreader〉（自覚症状がないが、感染源になり得る罹患者）が社会のなかに多数存在することを意味しています。つまりCovid-19ウイルスは、パンデミックになる要素を最初から身に着けていたことになります。賢い、というのはその意味です。

パンデミック（pandemic）という言葉は、ギリシャ語の〈pan〉、つまり「全方位的」、「総がかり」という接頭語と、〈demos〉つまり〈democracy〉でもお馴染みの「大衆」という語の合成されたものですが、歴史的に見れば、ペスト、あるいはインフルエンザなどが、しばしば問題にされます。ちなみに「インフルエンザ」は音からしても、「影響」を意味する英語〈influence〉に似ていますが、似ているも道理で、もともとは同じ言葉です。ヨーロッパでは、新プラトン主義が、哲学思想の中心の一つとなって久しいのですが、そのなかに、万物は、絶対一者から、「流出」（ラテン語で〈emanatio〉、英語でも〈emanate〉は普通に使われる単語で、「発出する」「放出する」の意味ですが、〈mano〉というのはラテン語の「流れる」です）する、という手順を経て、派生してきた、という考え方があります。万物は今も「流出」することを止めず、何か新しいものを派生させることにもなります。こうしたダイナミズムが新プラトン主義の特徴の一つと言えるでしょう。

このアイディアが占星術と結びつくと、星々も常に何ものかを「流出」させているわけで、人間を含む地上にある万物も、同じように「流出」していますが、同時に天体からの「流出」を、「流入」(ラテン語で〈influentia〉、〈fluo〉が「流れる」ことに関る語であることは、英語で〈He speaks English fluently.〉で、〈fluently〉を「流暢に」と訳すことからも判ります)として受け取ることによって、天界から「影響」を受けることになる、という構図ができ上がります。多くの悪疫の原因は占星術に求める、というのがかつての常識でしたから(十四世紀ペストのパンデミックでも、ヨーロッパでの病因論の主流は、占星術的解釈でした)、地上の人々が、こぞってばたばたと斃《たお》れるのも、天体からの「流入」の「影響」であることになったわけです。

スウェーデンとニュージーランド、そして日本

脱線が長くなりました。話を戻すと、現代にパンデミック的な非常時の体験として語られるのはインフルエンザ以外には、ほとんど考えられない状況が生まれ、しかもインフルエンザには、ある程度の時間が必要だったとしても、有効なワクチンが開発され、幾つかの異型ウイルスも把握され、年々流行期の前に、必要と思われるワクチンを準備して、流行に備える社会態勢ができ上がって来ました。その意味で、毎年ある程度の犠牲者は出すものの、世界的に見ても、日本としても、インフルエンザは、それほど恐ろ

しい病気としては扱われなくなっています。そのこと自体は、社会の進歩として歓迎すべきなのでしょう。

今回の新型コロナ・ウイルスによる流行も、いずれは、そうした状況に落ち着くことが期待されるのですが、そこに至る過程は、インフルエンザとは少し異なったものとなるはずです。その一つは、今回の災害が、文明化した国際・国内社会が、戦争以外の理由によるものとして、全面的かつ急激な性格のものであり、それに対する経験も、知識も、極めて貧しく、およそ備えのないところに降りかかった災害であったところにあります。

その一つの表れは、一部の地域ではSARS、MERSの経験があったとはいえ、各国の政府が、定見を持てないまま、ほとんど素手で、対応に奔走しなければならなかったところにも見られます。例えば、北欧スウェーデンでは、当初、あまり目立った対策を打たなかったように見えます。人口の少ない（ほぼ一千万人）スウェーデンでは、もともと高齢者福祉も含む社会福祉政策も充実し、人々の幸福度も高く、医療態勢に対する国民の信頼性も厚く、近代国家の一種の理想形と考えられて来ました。今回のウイルス禍が始まった時、多くのヨーロッパ諸国と同じように、私権の擁護の意味もあって、強い社会政策を採りませんでした。その裏には、人口の少ない国家社会として、感染者の増加は、社会免疫の充実を早期に実現できる、という期待もあったように思われます。そして、例えばフランスのように、そうした緩和的な政策を、ロックダウンも辞さない、という強硬な国家権力の発揮に、渋々ながら切り替えたのに反して、当初の政策を維持し続けた、という印象があります。たしかに、北欧諸国だけを比較対象にしても、これまでのスウェーデンでの Covid-19 による死者数（人口比当たり）は、目立って高いものです。もっとも、もともとスウェーデンの高齢者施設では、病気になった時に、八十歳以上の高齢者には、ＩＣＵ（高度で濃厚な治療のできる施設ユニット）は適応外とする、七十歳以上でも基礎疾患が二つ以上ある場合には、同様の扱いとする、というトリアージュ的な了解ができていたそうで、今回も死者の多くは高齢者施設の住人である、という情報もあります。そうした状況を了解しているほど、国民は社会構造そのものに篤い信頼を寄せていることが判ります。その上での現状（今は、より積極的な対策が採られていることを付け加えます）であった、ということなのでしょう。国際的には、スウェーデンはコロナ禍対策失敗の典型と批判されていますが。

国家の対応のスペクトラムの中で、もう一方の極にあるのがニュージーランドです。

ニュージーランドも人口は五〇〇万人程度と少ないのですが、二〇二〇年二月に国内死者ゼロの段階で、全国にロックダウンを実行しました。外出禁止、施設の完全封鎖など、極めて強硬な措置でしたが、一年間の実施期間の後解除、一時期は隣国オーストラリアとの渡航制限を緩めましたが、感染者が出て直ちに、両国間の交通も停止するなどの政策を採った結果、現在では、市中感染者は目立って少ないというところまで、事態は推移してきています。

全世界の国々は、置かれたそれぞれ特異な状況の下で、スウェーデンを一方の極とし、ニュージーランドをもう一方の極とする、多様なスペクトルのどこかに位を定めたわけで、日本もその例外ではありませんでした。戦う相手についての知見に乏しく、経験も皆無という状況にあって、何をすべきか、何をした方が好いか、何はしない方がよく、何はすべきでないか、という選択の判断が困難なのは、何時の世でも変わりはありません。日本が採ってきた対応策の結果がどのようなものであるか、その結果だけを、同じ島国であるイギリスと比較してみましょう。

たしかに単に数字だけを比較しても仕方がないところもあります。感染者数の対人口比が、日本はイギリスに比べて一桁違いますが、これは、感染者を捕捉する割合が違う

表1　日本とイギリスのCovid-19感染状況

	総人口（約）	総感染者概数	対人口比率	死者概数	対感染者比率
日本	126,000,000	1,500,000	0.012	15,000	0.01
イギリス	68,000,000	6,850,000	0.10	132,000	0.02

可能性が大きいことも考えに入れなければならないでしょう。しかし、感染者の中の死亡者の割合が、日本はイギリスの半分であることは注目されてよいと思います。何のかのと、文句ばかり言われてきた日本の政策ですが、この数字（二〇二一年九月現在）を見る限り、そのパフォーマンスが、世評ほど無策でも、遅れてもいないことが判るのではないでしょうか。

日本では、ロックダウンに相当する強硬な権力発動はありませんでした。私権の侵害を嫌った、というよりは、むしろ経済活動への影響に配慮した、という方が正しいかもしれませんが、欧米諸国が、最初は躊躇《ためら》った末に、ロックダウンという強硬措置へと次々に踏み切って行ったのに比して、日本では、海外からの流入に対する防疫措置と、二〇一二年に新型インフルエンザの流行を見越して急ぎ制定した特別措置法を適用して、首都圏、大阪、兵庫、福岡の諸自治体に、緊急事態宣言を発したのが、最も強い措置でした。そして結果は、それなりに病勢の鎮静を齎《もたら》す効果があったと認められました。

麻生副総理（当時）が、「民度」という言葉を使って、内外に伝わる形で公言した事の是非は措くとして、多くの日本人が状況をよく把握して、行動の自粛に努めたことが、そうした結果を生む一因であったことは確かでしょう。「民度」が刺激的な表現だったとすれば、「常識」でも「良識」でもよかったと思いますが、日本社会のなかに見えない形で存在する共通感覚が、見事に現れた、と言えます。それは通常の意味での、人々の「教養」の程度を表すものであったかもしれません。

マスメディアのダブル・スタンダード

少なくとも第一回の緊急事態宣言に対して見せた日本社会の反応は、そこに広がる社会常識の健全さを示すものだったには違いありませんが、事はそう簡単ではありませんでした。一つには、繰り返されるこうした行政からの措置への、社会の反応の健全さは、段階的に希薄になっていったからです。盛り場の人出の減少率は、回を追うごとに、小さくなってきました。二つ目には、こうした「健全さ」に意図的、非意図的に、水を差す言動、行動が目立ってきたことです。いやしくも公的な選挙に出馬するような人が、「単なる風邪です」と選挙演説で叫んだり、ＳＮＳ上では、摂氏二七、八度の微温湯を飲むとよい、などという途方もない話が真面目に取りざたされたり、とにかく、普通の常識で判断しても、出鱈目《でたらめ》としか言いようのない言説が、堂々とまかり通っています。風邪と称されるものの中で、最も悪質と考えられる季節性インフルエンザでも、計算法にもよりますが、致死率は〇・一％程度ですから、致死率だけを取り上げても、桁が違います。どうしてこれを単なる風邪と言えるのでしょうか。

こうした状況の中で、専門家集団はどのように振る舞ったのでしょうか。周知のように、アメリカの対応パフォーマンスは、特にトランプ大統領（当時）自ら、常識から考えても、呆然とするような愚かな言説を重ねていて、決して褒められたものとは言えませんでしたが、しかし、CDC（疾病予防管理センター、Center for Disease Control and Prevention）という中枢機関を持ち、情報の収集と公表とを集約的に行っていましたし、ジョンズ・ホプキンスのような大学研究機関も、単に国内レヴェルではなく、国際的な観点での、極めて質の高いデータを毎日発表し続けていました。その点保健所を中心にした日本の情報の収集、公表は、効率も悪く、中枢としての役割を期待できる状態になかったと言わざるを得ません。

二〇二一年九月の段階で、主としてコロナ対策に対する世評の動向を配慮して、菅義《すがよし》偉《ひで》総理（当時）は退陣を決意したようですが、私は、安倍政権とそれを引き継いだ菅政権のコロナ対策が、世評で言われるほど無策、あるいは後手・後手などの酷評に値するものとは考えていません。菅総理の自己表現法は、確かに貧しく、改善の余地は大いにありますが、少なくともコロナ対策としてとってきた政策に致命的な欠陥があったとは、とても思えません。それは上に述べたごく簡単な数値、人口比当たりの死者の数という点だけからも、はっきりしていると考えます。

その点は、主としてマスメディア、特に主要新聞が、政権に対して常に否定的な態度を取り続けてきたことと関っています。その最も鮮やかな局面は、極最近の諸新聞が見せた驚くべきダブル・スタンダードに、直截に現れています。私は、オリンピックにあまり関心がありませんので、個人として言えば、オリンピックが開かれようが、中止になろうが、どちらでもよい、と考えていますが、オリンピック開催に関しては、私の知る限りの新聞はこぞって疑問を呈し、反対を表明する識者たちの言説を、多く取り上げました。中には、第五波の感染拡大は、オリンピック開催が原因である、というような妄説まで紙上に現れました。これが妄説であることは、感染者が統計に表れるには、生理的な感染時から、ある程度の時間の遅れが必要であること、またオリンピックの会場が点在する首都圏以外の、遥か離れた大阪や沖縄、九州などで、感染者の急増が目立ったこと、などからだけでも明らかでしょう。ある新聞は、開催に反対しながら、スポーツ欄で結果を大々的に報道することの後ろめたさからか、日本の選手の金メダル獲得が続いても、第一面のトップ記事としては一度も扱いませんでした。

ところが、直後に始まった全国高校野球大会には、識者なるものも完全に沈黙し、新聞紙面も、ひたすら、扇動的な記事を載せ続けました。感染者が出て出場を辞退した学校に関する記事も小さく、後追い記事も出ませんでした。そして、その後のパラリンピックにも、全く批判や疑問の声は上がらず（いや、あったのかもしれませんが、表には一切現れることなく）、ある日のある中央紙の一面トップは、パラリンピックでの日本選手のメダル獲得記事でした。このあまりに露骨なダブル・スタンダードに、しかし、表立って疑問は今も現れていません。どころか、終わった後も、紙面は、障害者の努力や、協力者の献身を讃える記事の花盛りです。障害を持つ人々を社会的弱者として捉え、弱者の味方をすることをもって、自らの存在の証とする、というメディアの常套手段がここでも発揮されています。しかし、障害を持つ人々を社会的弱者と捉えること自体、すでにメディアの嫌いな「差別」の一つの形であることには、全く気付かれていないようです。

それが世論だ、と新聞は言うのでしょう。そうかもしれません。しかし、もしそうなら、新聞は、そうした世論（ポピュラー・センティメント）を矯正し、公論（パブリック・オピニオン）と言えるものを醸成する役割も担っているのではないでしょうか。教養とは、そうしたところにも働くべきものではないでしょうか。

コミュニケーションの大前提

コロナ禍に戻りましょう。問題の核心は、それについて知見も経験もない、新しい脅威に対して、何を以て立ち向かうか、という点にあります。当然、過去の経験のなかから、類似のものを探し当てる作業は必要でしょう。その点では、知識に力点を置いた意味での教養は役に立ちます。しかも、今回のように、対策を講じることの中に、単に医学・医療における判断だけではなく、経済活動、大衆の心理、対策を実行するための組織や法制度などに至る、極めて広範囲に亘る配慮が必要である場合には、知識の広さ、という意味での教養が求められることになりましょう。もう一つ、そこで生まれた判断に基づいて、その結果を実行するに当って、人々を説得するための、効果あるコミュニケーション手段も必要になります。今回の日本の国策の中で、恐らく最も欠けていたのは、この最後の要素ではなかったでしょうか。

教養を形作る一つの要素は、あまり一般には言われないのですが、コミュニケーション能力だと思います。もちろん母語以外に、多くの言葉に堪能であれば、一つの重要なコミュニケーション力で、それはそれで、「教養的」能力に含まれると言えるでしょう。実際、私が学んだ東京大学教養学部の教養学科（卒業まで属する通常の専門学科に相当）では、一般の専門学科では義務から解放される第二外国語以上の学習が、義務化されていました。

しかし、ここでコミュニケーション能力というのは、言語の異なる人々との間のコミュニケーションの話ではありません。教養を深めることには、自分自身の個を築き上げることが中心となるのは、言うまでもないですが、そのこと自体が言わば反映の形で導く副産物があります。つまり個としての自分を磨くことを自覚的に行えば行うほど、他人が同じ過程を辿っているはずであることを、否応なく悟らされることになります。同時に、自分は、彼、彼女ではない以上、彼、彼女がその過程で造り上げているそれぞれの「個」が、自分のそれとは異なる可能性についても、否応なく認めさせられることになりましょう。

そこに初めて、自分が、自分の個から離れてみる、というある意味では至難の業への志向性が生まれてきます。簡単な言い方をすれば他者の立場に立つことの意味がはっきりしてくるのです。コミュニケーションが成り立つのは、まさにここにおいて、です。別の言い方をしてみましょう。自分の個を築くということは、自分をコンクリートでがちがちに固めてしまうことではありません。全く反対です。自分に対して、自分が求めるものを高く持することは、他者もまたそれを実行していることへの敬意を意識し、その敬意に基づいて、他者の位置へ一時的に自分を移してみるだけの余裕・ゆとりを自分のなかに持つための力を、自分に与えてくれます。そんなことを言えば、自分が自分の個を意識することができる出発点には、他者の存在が不可欠なのです。自己の形成は自己だけの孤独な作業では断じてありません。

まさしくコミュニケーションとは、こうした人間同士の関係の上に成り立つものです。視線が常に自分に向いている限り、コミュニケーションはそもそもあり得ないのです。与党だろうが野党だろうが、日本の政治家の持つ一般的な特性、特に国民に向かった時の特性は、視線が常に自分に向いてしまっていることではないか、と時に思います。確かに抽象的には国民という他者に向かって話をしています。しかし、自分が、相手の位置に身を移す、というコミュニケーションにとって最重要な操作を経た上での話とは思えないことが多い、というのが率直な印象です。

そういう意味で、これは、全く自分自身痛切に感じるのですが、「教養ある話し方」ということに、私たち日本人はどちらかというと不得手ではないでしょうか。同僚と思われる専門家を相手にするとき、一般大衆を相手にするとき、大学生を相手にするとき、小中学生を相手にするとき、どんな相手に対したときも、興味や無関心、嬉しさや詰らなさ、悦びや悲しみ、そうした知的な局面から情緒的な局面までを、自分ではなく相手に身を置いて、話をし、話を聴く、そういう姿勢で臨むことに長けていない。例えば、笑いという点を取り上げても、今テレヴィジョンに出てくる芸人さんたちの、何と醜いことか。恥を知らない、目立ちたいだけの奇矯な名前をつけ、珍妙な恰好を（中にはほとんど裸という馬鹿げた装いを人前に晒す人さえいます）し、ひたすら相手に笑いを強要することで、「受けている」と勘違いしている人々ばかりではないでしょうか。

「恥ずかしい」という感覚は、自分自身が感じる感覚であると同時に、実は相手に恥ずかしさを感じさせてしまっているという感覚、つまり相手からの反映の感覚がないまぜになったものです。「恥を知らない」ということは、コミュニケーションとは相手との共同作業であるという原則を無視していることに他ならないのです。

また脱線してしまいましたが、教養に裏付けられた人格とは、「含羞」を基礎の一つとしていることが言いたかったのです。

教養なるものは、毒にも薬にもならない、無力なもの、というのが社会常識かもしれません。しかし、教養こそ、大事な場面で、多くの選択肢の中から「より良い」ものを選び取り、果敢にそれを実行する力の源泉であると同時に、自分の「選ぶ道」が「最善」であるはずはない、という留保を以て、走り出す前に立ち止まり、他の「より・より良い」選択肢の可能性への余地を自らに残すだけの勇気の源泉だと私は信じます。コロナ禍は、そのことを私に改めて信じさせてくれる機会となりました。

第三章　エリートと教養

行き過ぎた平等

エリートも教養も、日本社会では揶揄や蔑視のニュアンス抜きで語ることのできない概念と言えます。一人称の文章、つまり「私は」に導かれる肯定的文章の用言に、「エリート」が入ったり、「教養人」が入ったりすれば、これは、噴飯ものでしょうし、二、三人称で同じ形容を試みたとしても、何がなし、棘《とげ》が含まれているようで、使うのに躊躇いがあり、言った後では、慌てて、貶める意味ではないことの弁解を付け加えたりする習慣ができてしまっているように感じます。

そもそも、このテーマの書き始めに、このような姑息な弁解めいたことを書かねばならぬ、と感じること自体が、すでに、問題を素直に捉えられない後ろめたさがあるからに違いありません。実はエリートのための教養を、正面から論ぜよ、ということが、この書の課題設定であったのに、です。

私は大学の教養学部という学部を卒業しました。したがって、学士号は「教養隠し」――おや、「きょうようがくし」と打ち込んだら、私のワードプロセッサーは、まず「教養隠し」と変換してくれました。機械さえ、教養は隠した方が利口だよ、と言ってくれているのでしょうか。そこでもう一度、打ち直します。学士号は「教養学士」なのですが、八五年の生涯のなかで、この学士号を名乗ったことは、こうして、そのこと自体を話題にする時以外には、一度もありません。そもそも、全国に大学は数多ありますが、教養学部を持っている大学は、ほんのわずかです（最近少し増える傾向にありますが）。機会が無かったと言えばそれまでですが、そう名乗らなければならない場面を想像してみると、ひどく面映ゆい気持ちが先に立つに違いないと思います。

「エリート」はどうでしょうか。先にも書いたように、一般的にも、自分でエリートを名乗るはずはありませんが、私個人でも、事情は同じです。内心ではどうか、と問われて、これまでの生きてきた私の過去が、エリートとは無縁だ、と言ってしまえば、それはむしろ、これまでの私の生き方を可能にしてくれた両親や先生方、あるいは社会全体に、却って申し訳ない仕儀になるような気もします。

このような微妙な事情は、多少は日本の社会環境のなかから生まれる特殊なものかもしれません。特に戦後の「民主主義教育」の下で、極端に不平等を排除する、という傾向が徹底された結果の一つでもありましょう。

早くも脱線するようですが、「一票の格差」がしばしば問題になります。国政選挙の際の地域間の人口格差の結果生まれる問題で、憲法違反かどうかが、司法でも争われ、新聞の論調も酷く厳しいものです。しかし、一方に「代表権なくして徴税権なし」という原則があります。この原則は、アメリカ植民地が、イギリス（の王権）に対して闘わねばならぬ理由を列挙した、あの「独立宣言」で謳われている諸理由の中でも、最も合理的な論点の一つとされています。人口の少ない地域でも、納税義務が残っている以上、代表権は「平等に」認められなければならないはずです。だとすれば、人口の少ない地域で、代表者がその資格を獲得する上での得票数が、大都市におけるそれよりも少ないから怪しからん、という理屈は、「平等」の理念の過剰からくる錯誤ではないでしょうか。あの「アメリカにおけるデモクラシー」の姿を描いたフランスのトクヴィルは、自由の行き過ぎは誰にもすぐ判るが、平等の行き過ぎはなかなか判らないうちに社会を蝕む、という意味のことを述べています。自由・平等・博愛を掲げたフランス革命を生き延びた貴族を出自に持つトクヴィルにして、初めて言い得たこととも考えられますが。

そういえば、熊本の大地震の際、避難所に逸早《いち》く自衛隊の救援部隊が到着しました。補給部が携行食糧を多く積んでいましたので、避難所に提供することにしました。ところが避難所の責任者の方が、その食糧を開梱して調べたところ、避難所の全員に行き渡らないことに気付き、平等の原則に反するからと、梱包し直して、救援部隊に返した、という話を聞きました。これなどは、「平等」なる価値に対する恐ろしく過剰な思惑のなさしめる業でしょう。ことほど左様に、現在の日本社会は「平等」という価値に囚われています。

〈Noblesse oblige〉高貴なる者の義務

はて、エリートからも、教養からも、直接には外れている話題に、いささかむきになってしまいました。もともとは選挙権の「平等」の話でした。ただ、「エリート」という言葉は、こじつければ選挙と無関係ではないかもしれません。英語では〈elite〉ですが、この語の元はフランス語（フランス語では〈élite〉になりますが）、さらに元を辿れば、ラテン語の〈eligere〉（不定詞、辞書エントリーでは〈eligo〉）、つまり「選ぶ」の派生語（受動形に由来）で、意味は「選ばれたもの」です。更《あらた》めて辞書を引いて見ましたら、英語、フランス語とも最初に出ている訳語は「選良」でした。今では死語に等しく、メディアでも全くお目にかからなくなりましたが、私が子供の頃は、新聞紙上、代議士はしばしば「選良」と書かれていました。ただし、ヨーロッパの伝統では、「選ばれたもの」を選ぶ能動者は、選挙民ではなくて、神に他ならなかった、と言えるのでしょうが。「特別に神に選ばれたもの」、それが「エリート」のヨーロッパ的理解でした。

「神から選ばれる」とは具体的にどういうことか。神はある人を選んで、特別の「才能」を授けます。「才能」に当る最も普通の英語は〈gift〉ですが、「ギフト」はもちろん「贈り物」でもあります。フランス語では〈don〉が、ドイツ語では〈Gabe〉が、やはり「プレゼント」の意味でも、「才能」の意味でも使われます。つまり人間がある才能を有する、ということは、神から特別に「贈り物」を頂戴したことに他ならないのです。その結果、その人は、その才能の点で、衆に抜きんでることになる。それだけのことですが、神は、その才能を自分と人々のために使うことを期待して、彼（女）に才能を贈ったのですから、贈られた側は、それだけの義務と責任が生じます。それが〈Noblesse oblige〉ということでもあります（このフランス語は、「高貴なる者の義務」のように、熟語として解されることが多いのですが、本来は「高貴なる者には、それなりの義務を課される」という一つの文章です）。つまり、エリートとは、普通の人々よりも、より多くの、より大きな、義務と責任を背負った人間であることになります。

「神に選ばれた者」としての覚悟

かつて、イギリスのオクスフォーディアン（オクスフォード大学の出身者）の平均余命は、普通の人々よりも有意に短い、ということを示す統計があった、と言われます。オクスフォード大学を了《お》えるには、衆に優れた才能が必須であって、彼らは、イギリスでは明らかに「エリート」に属するわけですが、その平均余命の短さは、彼らが率先して危険な業務（特に軍務）に身を挺する結果であることの証左であった、と伝えられます。少し意味は違いますが、日本でも、戦前、男性皇族はよほどの問題が無い限り、軍務に就くことが義務とされていたことを思い出します。例えば、昭和時代の直宮《じきみや》である大正天皇のご子息たちを考えても、昭和天皇ご自身、それに三笠宮、秩父宮はお三方とも陸軍、高松宮のみは海軍の軍人でした。

つまり、「エリート」の定義を更めて簡潔に述べるとすれば、「普通の人々よりも、より多くの義務を背負った存在」が適切ではないでしょうか。

その「義務」とは、神と他人とのために、我が身の安泰を顧みずに働く義務です。日本では、「神のために」という件は、文化特性上排除されているかもしれません。しかし「神」を「公徳」にでも置き換えて、エリートの意味を、この定義に基づく、とした時に、密かに我が身をエリートとみなしている人々は、本当にその覚悟があり、その覚悟に基づく行動を実践しているでしょうか。この問いかけは、自分も含めて、深刻な反省を導く性格のものです。

その点で思い出すことがあります。聖職者と言えば、ヨーロッパではキリスト教、プロテスタントであれば「牧師」、ギリシャ正教やカトリックであれば「司祭」（神父）のことを指します。そうでない、平の信徒は、英語では〈lay〉と言います。カード・ゲームでは、切り札や絵札以外の札にも使われる言葉です。聖職者の職務は英語では〈vocation〉というのが普通です（発音は多少違いますがフランス語でも同じ言葉が使われます）。この言葉のラテン語の語幹〈voca〉は、誰でも「ヴォーカル」〈vocal〉を思い出すように、「声」に関係した言葉です。動詞〈voco〉は「声をかける」、あるいは「呼ぶ」に相当し、名詞〈vox〉は、英語の〈voice〉と同じ「声」そのものです。ドイツ語では通常この言葉は使われませんが、類似の言葉に〈Beruf〉があります。現在ではこの言葉は「職業」一般に使われるようですが、元の意味は「天職」に近いものでした。〈rufen〉という動詞、つまり「呼ぶ」ですが、そこから〈berufen〉という動詞が生まれ、今では「任命する」などの意を伝えます。

何が言いたかったかと言えば、職業、とりわけ聖職務に関するものは、神からの「呼びかけ」、もっと積極的には、「神の命（声）」によると考えられてきた名残だと言えます。先に見たように、エリートとは本来「神に選ばれた者」という意味でした。神は、自分（神）のために働いてくれる特別に才能を与えた人に、強く声をかけるのです。

イギリス生まれ、アメリカの作家、ジャーナリスト、ジャック・ロンドン（Jack London, 1876~1916）は、『荒野の呼び声』（The Call of the Wild）という作品を書きました。アメリカ大陸北限の地でそり犬として飼われていたパックが、ついにはオオカミの首領にまで変身する有様を描いた名作ですが、二十世紀初頭では、声をかける（call）のは、もはや神ではなく、自然となっていることを知らされます。

しかし、とにかく、エリートとは、そうでない人々を下に見て（旧制第一高等学校の最も有名な寮歌『嗚呼玉杯に花受けて』には「栄華の巷《ちまた》低く見て」と、そのものずばりの表現もありますが）、自らの高さを誇る人々ではなく、そうでない人々のために、自分たちの命さえ差し出すだけの覚悟をもって奉仕する、あるいは奉仕しようとする人々であることだけは、たしかだと思います。

大正教養主義、旧制高校、漱石

ここまではエリートの原点とでも言うべき論点を考えてみました。次は、教養ということになりますが、これは一筋縄ではいかない。そもそも「教養」という熟語は、漢語としてはすでに『後漢書』に現れると言いますが、文字通り「教え育てる」ことの意でありました。近代日本の文章の中では、クリスチャンであり、かつ社会主義的な活動家であり、かつまた作家でもあった木下尚江《なおえ》（一八六九～一九三七）の『良人《りょうじん》の自白』という長編小説（明治三十八年刊）の中で、主人公の弁護士が、ある事情で引き取った子供を、「君の子供として教養してくれ」と妻に言う表現に出会うことができます。明治二十四年版の『大言海』（大槻文彦著）には、そもそもエントリーがありません。つまり明治年間には、今のような意味での「教養」の使い方は、ほとんど見当たらない、と考えてよさそうです。

そこで誰もが注目するのが、大正教養主義のリーダーとも言うべき阿部次郎（一八八三〜一九五九）ということになります。阿部は一高で荻原井泉水《せいせんすい》（一八八四〜一九七六）、岩波茂雄（一八八一〜一九四六）、斎藤茂吉（一八八二〜一九五三）らと交わり、帝国大学卒業後は、漱石の門人として、小宮豊隆（一八八四〜一九六六）、森田草平（一八八一〜一九四九）、和辻哲郎（一八八九〜一九六〇）らとも交流があった人物です。その彼が大正三年に発表した『三太郎の日記』は、当時の中学・高校生必読の書となりました。あるいは、彼らとはかなり異なった系統の人物ではありますが、倉田百三（一八九一〜一九四三）の『愛と認識との出発』（大正十年刊、ただしその一部となる論考は大正二年、一高に在学中に文芸機関誌に発表、物議を醸しました）なども、その部類かもしれません（戦後に角川書店が発刊した「日本教養全集」の第一巻に、上の二作品が収められています）。

ここに挙げた「文化人」、あるいは「教養人」たちの思想が、良くも悪くも、その後の日本における「教養」という概念を決定づけた、と考えられます。土田杏村《きょうそん》（一八九一〜一九三四）の名も忘れるべきではないかもしれません。土田は、上に挙げた人々ほど世に知られてはいないかもしれませんが、後発の京都帝国大学の出身で、独特の文化運動に挺身した人物です。

彼らの思想の基礎は、十八世紀から十九世紀ドイツの哲学者、つまりカント、ショーペンハウアー、ニーチェら、それに阿部にとって重要だったのは、同じ時期のドイツ語圏で形成されつつあった芸術という概念に纏《まつ》わる「美学」（例えばヘーゲル）にありました。実際『三太郎の日記』は、ドイツ語、ドイツの哲学者、美学者の名前で溢れています。「アンビション」（ambition＝向上心、名誉心）や「アスピレーション」（aspiration＝野望、大志）など偶《たま》に英語も現れますが、「エアレーベン」（erleben＝体得する）だとか「エアファーレン」（erfahren＝経験する）、「ヴェルトゲフュール」（Weltgefuehl＝世界の中で生きているという実感）、「レーベンスゲフュール」（Lebensgefuehl＝生きているという感覚）だの、ドイツ語で満杯です。そしてもう一つ目立つのはドストイェフスキー、トルストイら、ロシアの高踏派の文芸が、繰り返し論じられます。このようなカタカナ語で埋め尽くされている書物を、「普通の」人々が読めたはずはありません。つまり、こうした種類の読書は、旧制高等学校から大学生という、当時の総人口からすれば微々たる数の、特権的場所にいる男性たちの、自慰行為に等しいものであったとも言えましょう。それが「教養」であるならば、やはり教養は、鼻持ちならない臭みを帯びた概念になっても仕方がない、とも言えるでしょうか。

さらに、ドイツ近代「テツガク」への傾倒の裏返しで、彼らは、例えば歌舞伎に代表されるような、日本の江戸期の伝統芸能に、芸術的な「美」を求めることを拒否しました。ドイツ哲学を中心とした書物と学識を通じての人格の陶冶《とうや》と、高尚な美の追究、禁欲的で、抑制的な人間性を磨くことにこそ、「教養」の本質がある、とみなしたのです。もう一つその裏では、そうした旧制高校生たちは、内心軽蔑する三業地《さんぎょうち》へ出入りをすることも、結構習慣化していたようで、そうした際の女性は、劣情を満足させてくれる道具のように見られていたようでもありました。その点で、彼らの師の一人となった夏目漱石は、少し肌合いが違います。

たしかに漱石には、『それから』の代助や、『行人』の一郎や二郎のように、いわゆるインテリの人間的な苦悩（それこそ、阿部次郎なら「レーベンスシュメルツ」とでも書いたかもしれません）や、現実の卑俗性への冷たい眼差しが感じられる人物像が描かれます（別のところでも書きましたが、一高寮歌『嗚呼玉杯に花受けて』には「栄華の巷低く見て」という言葉が見えます）。しかし、よく知られているように、漱石には強い江戸趣味もあり、三代目小さんの芸には感嘆を惜しみません。『猫』には、インテリ性と庶民性とがない交ぜになっていますし、あるいは『坑夫』のように、非インテリの世界にも、介入することを躊躇《ためら》わないところがあります。さらに言えば、漱石の描く世界には、エリートや知識層の持つ精神的、あるいは実生活上の脆弱さと対比された、非エリート層の人々が、はっきりした存在感をもって描かれます。『門』における「安井」や、『明暗』における「小林」などが、それに当りましょう。彼らの前に、エリートたちは、どこか不安げで、しかも、その点が見透かされているような印象を与えます。『坊ちゃん』は、この構図を逆転させた試みとも取れるかもしれません。もっともそれは、『猫』や『坊ちゃん』は別にしても、漱石がもっぱら朝日新聞という、新聞の一般読者を相手にしていたから、という面も否定できないでしょうが。

藤村操の煩悶をめぐって

私事になりますが、振り返ると、一九〇一年生まれ、一中、一高、東京大学医学部へと進んだ私の父親（一高の卒業年次が大正八年）は、旧制中学と高校で、まさしくこうした大正教養主義にどっぷりと浸かっていたわけで、例えば芸能でも、家人に能楽や琴は許すが、三絃《さんげん》は家内では法度、寄席などもタブー視していました。もっとも、父親は、阿部次郎や倉田百三は卒業していたようで、私の成長期に勧めた書物リストの中には、すでに入ってはいませんでした。ですから、中学三年のとき、私は、どちらも父親の書棚からではなく、自発的に『愛と認識との出発』と『三太郎の日記』を買い求めて、読んだ記憶があります。まあ、一種のスノビズムでしかなかったと、今なら思いますが、多少とも「大人」へと歩みを進めた意識が、自分には好ましかったのでしょう。自分のなかに更めて確かめてみても、この二つの著作の内容は、全く痕跡もとどめてはいませんが。そして、学生時代のことを知るわけではありませんが、少なくとも父親としての彼は、遊興の世界に完全に背を向けた、清潔な側面だけを持ち合わせた、大正教養主義の権化のように、恐ろしくリゴリスティックな人間として、子供の前には立っていました。

もう少し公的な世界に戻れば、岩波茂雄が岩波書店を造り（創業は大正二年＝一九一三年）、ドイツの教養文庫であるレクラムに範を得て、岩波文庫を生み出した（創刊は昭和二年＝一九二七年）のも、ここに触れたような「教養主義」が働いていたと考えられます。もっとも、岩波茂雄は、明治三十六年、「巌頭之感《がんとう》」を遺して華厳滝に投身自殺した藤村操（一八八六〜一九〇三）の死に、強烈な衝撃を受けた、と述べていますから、こうした「深刻な人生の煩悶」もまた、「教養主義」の一面とも言えましょう。

言い換えれば、このような「教養」主義なるものの持つ、ある面から見れば「滑稽さ」とでも言うべき性格が、後に「教養」に対する揶揄的な姿勢を生み出す一つの要素があったのではないか、と私は考えています。

なお、この「巌頭之感」のなかに「ホレーショの哲学」という言葉が現れます。「ホレーショの哲学竟《つひ》に何等のオーソリチーを價《あたい》するものぞ」、つまり「ホレーショの示す哲学など、畢竟何らの権威にも価しない」ということでしょうか。これはいったい何を意味するのでしょうか。いささか「教養のあるところ」を発揮すれば、無論「ホレーショ」というからには、まずはシェイクスピアの『ハムレット』の登場人物にして、ハムレットがただ一人心を許している人物が頭に思い浮かびます。しかし、その「ホレーショ」の哲学とは一体何事？　原文を見てみましょう。第一幕第五場、行数で言えば〈一六七〜八〉にこうあります。話し手はハムレットその人です。

There are more things in heaven and earth, Horatio, than are dreamt of in your philosophy.

つまり、ハムレットが、ホレーショに呼びかけて、〈your philosophy〉と言ったから、「君の哲学」と解された結果、「ホレーショの哲学」となったに違いありません。しかし、ここでの〈your〉という語を「ホレーショの」と訳するのは正しいでしょうか。研究社『The New English-Japanese Dictionary』で〈your〉を引いてみると、訳語の〈1〉は無論「あなたの」ですが、〈2〉に「人々がよく言う」「いわゆる」が出てきます。例文としては、ある辞書は次の文を挙げ、訳文を与えています。

So this is your good works!
ではこれがいわゆるよい操行なんだね！

この文章では、訳文として「フーン、なら、これが君の言う佳い行いなのだね」でもよいような気もしますが。

話を戻すと、ハムレットの台詞の中の〈your〉は、文脈と文意の双方から、どう考えても、この〈2〉の意味でしょう。「この天地には、俗に言う哲学なるものが考える以上に、色々なことがあるのだよ、ホレーショ」とでもなりますか。最初期の翻訳である坪内逍遙訳でも、正確に「いわゆる哲学」となっています。つまり藤村操は、奇妙な「誤訳」を、自死の合理化に使ってしまったことになります。

藤村に助け舟を出そうとすれば、「あのハムレットが、ホレーショを相手に、世の中には哲学を超えるものがある、と言っている通り」という意味を「ホレーショの哲学」という簡潔な表現に籠めた、という推測が可能かもしれません。もう一つ、藤村の「ホレーショ」は実は古代ローマ最初期の詩人「ホラティウス」ではないか、という解釈もあるようです。しかし、ホラティウス（Quintus Horarius Flaccus, 65~8 B.C.）の「哲学」によって、哲学を代表させるのはいくら何でも無理ですし、では、ホラティウスに独特な「哲学」を、藤村が目の敵にした、というのでしょうか。それもいささか不自然ではあります。

と、こんな具合に、古今東西の文献を渉猟しながら、人生論をあれやこれやと、吟味するのも、大正教養主義の、そしてそれを今に引きずるある種の現代の教養主義の、一つの特徴なのです。普通の人々にとっては、「閑文字《かんもじ》」としか思えない、それを深刻に、眉根に皺を寄せて議論する。「滑稽」という言葉に、いささかの真実味が加わります。

その上、昨今、「教養」の代わりに「リベラル・アーツ」という言葉も頻《しげ》く聴かれるようになりました。中世ヨーロッパの大学における「一般教養科目」に類するものが、〈artes liberales〉と呼ばれ、このラテン語（直訳すれば「自由な技芸」）の英語版が〈liberal arts〉で、アメリカの大学では、〈liberal arts college〉を名乗るところは、現代でも少なくなく、また日本の戦後の高等教育の改革で、大学における「一般教養科目」なるものが、形式上重視された結果、「教養」と「リベラル・アーツ」とが同等視されるようになったと思われます。もちろん出自の全く異なるこの二つを、どのように扱うべきか、また、先に述べた大正教養主義的な「教養」の理念が、現代にも通用するのか、しないとすれば、現代における「教養」の意味づけはどのようにあるべきか。問題は数多く残されています。この点は、別項に譲りましょう。

〈culture〉と「文化」

文化という言葉は、だれでも簡単に使います。もっとも、私たち日本語圏での「文化」の使い方には、幾つか違った流儀があるようです。最も日常的には、「文化包丁」

とか「文化住宅」のように、「機能が進んでいる」状態を指す方法です。この時の「文化」は、ほとんど「文明」と同義のように映ります。無論、同義に近いからと、置き換えはできないでしょう。「文明包丁」とか「文明住宅」などという言葉は聞いたことがありません。

第二の使い方は、文部科学省の一部局である「文化庁」の場合が相当します。なにがしか芸術的・高踏的な芸能などを指しているような語感があります。

そして最後の、第三の使い方は、主に文化人類学者によって使われるものです。この場合は「自然」に対立して、「人間の行うこと」すべてを指しています。「人為」という言葉の意味に近いものです。この使い方は、より一般的な場面でも使われます。例えば、二つの銀行が合併したとします。しばらく前の日本では、大流行だった現象です。こうした合併は、明日からスムーズに運営されるか、と言えば、そんなことはありません。朝出勤時の挨拶から始まって、上司と部下の距離の取り方、決済書類の処理方法、果ては、社員同士のお互いの呼び方まで、しばしばずれが露わになります。そういうとき、一般には「社風」という言葉が使われてきましたが、最近では、この古めかしい言葉を嫌って、「社内文化」の違い、などと表現されることが多くなっています。

ところで、「文化」に相当する英語が〈culture〉であることは、これも誰でも知っています。カタカナ語にもなっています。「何某カルチャー・センター」「ポップ・カルチャー」などという言葉は、しばしばお目にかかれます。しかし、面白いことに、「文化」と〈culture〉の使い方には、かなりな違いがあります。上に挙げた「文化」の最後の使い方は、〈culture〉でも同じでしょう。これも、中学生でも事によったら英語の時間に習うでしょうが、〈culture〉の原義は、「耕す」ことにあります。そこから先は中学生の教室で伝えられるかは、判りませんが、もともとはラテン語の〈colo〉(「耕す」の辞書エントリー形、不定詞は〈colere〉)という動詞の派生語です。人間が「自然」に大々的、かつ意図的に、手を加える最初の営みが、大地を「耕し」て、灌漑《かんがい》を施し、単品種の穀物を濃厚に栽培する、という農業でしたから、「自然」と対立する「人為」という意味が、そこに自ずから生まれるのは、自然な流れだったでしょう。その点では、日本語でよく使われる「農耕文化」という熟語は、同語反復に近いことになります。英語では「農業」を〈agriculture〉と言いますが、〈agri〉は、ラテン語の「野原」の類縁語で、もとの意味は「野を耕す」になります。

もう少し脱線しておくと、「植民(地)」を表す英語〈colony〉も、語源は同じです。

この使い方は、ラテン語の原型では「農民」つまり「耕す人」という意味の〈colonia〉が、古代ローマにおいて、植民市を指すように使われたのが最初のようです。古代ローマの都市国家では、例えば退役した軍人を、周辺の軍事基地に派遣、定住させる、というような習慣ができ、それらの町を〈colonia〉と呼んだ、と言われています。なお〈colony〉には、ある特定の植物が特定の場所に群生している状態を指す場合があります。考えてみると、まさにそれは「農業」が目指したことでもありますね。単品種が濃厚に生育しているのが「コロニー」なのですから。また微生物を培養している際に、同じ種類の細菌などが培養地に密生するとき、そのグループも「コロニー」と呼ばれます。

ところで、上に挙げた「文化」の第二の使用法に、多少とも近い（同じとは言えない）のが、実は「教養」です。というのも、例えば試みに和英辞典で「教養」を引いて見ると、すべての辞書が、最初に〈culture〉を挙げているからです。逆に、研究社の英和辞典『The New English-Japanese Dictionary』（第五版）でも、訳語の〈1〉つまり最初に「教養」を掲げ、例文としては〈a man of considerable culture〉などを挙げています。この表現は、「高度の教養人」とでも訳せばよいでしょうか。「文化」という訳語は、次の〈2〉に現れるのですから、日本の常識と英語の常識との間にいささかのずれがあることになります。なお〈1〉の説明として、この辞書は「教育と修養による人間の能力の総合的発達状態」と書いています。「自然を耕す」のが〈culture〉であり、その類推で「人間が自らの人格を耕す」のも〈culture〉になると考えられます。派生語である〈cultivate〉は、「開墾する」と同時に、人間の「才能、趣味、風俗、習慣などを養成する」あるいは「品性、人格などを洗練させ、陶冶する」ことと説明されています。これこそが、日本語の「教養」に最も近い使い方かもしれません。

〈Bildung〉自分を造り上げる

いずれにせよ、英語での〈culture〉をそのように理解するとすれば、納得するほかはないのですが、少なくとも、日本での「教養」の持つ、揶揄的な感興を引き起こすような含意は〈culture〉には認められないと言えましょう。

フランス語でも、正面から「教養」を表現しようとすれば、やはり〈culture〉がそれに当ります。先の英語の例文に似たものとしては、〈homme de haute culture〉が辞書には載っていますし、〈culture classique〉は、「古典の教養」という使い方もあることを教えてくれます。ドイツ語でも「教養ある人」は〈ein Mann mit Kultur〉です。

ただしドイツ語では、近代ドイツ語の形成期に、古典語などから派生した言葉の意味をとって、ドイツ語本来の言葉遣いで言い直す、という、大きな事業が行われました。そして「教養」には〈Bildung〉という言葉を当てました。英語の〈building〉に近い言葉で、直訳すれば「造り上げる」という感じになります。近代市民社会のなかで、個人が一人の自立した人格として自己を磨き上げ、造り上げること、それが〈Bildung〉です。英語、仏語で例文（熟語ですが）に使われた同じ内容は〈ein Mann von Bildung〉ということになります。そのドイツ語には、独特の言い回しとして〈Bildungsroman〉という熟語があります。日本語では「教養小説」と訳されていますが、これを読めば教養が増す、というような意味の小説ではありません。最も先駆的にはゲーテの『ヴィルヘルム・マイスターの修業時代』、そして、日本でもかつて、私の世代くらいまでは、青年層に好んで読まれた、ケラーの『緑のハインリヒ』、ヘッセの『デミアン』、そして何よりもトマス・マンの『魔の山』などがそう呼ばれます。

『緑のハインリヒ』は、ちょっと珍しい長編小説で、二種類の後半部分があります。当初に発表されたものでは、あらゆる場面（職業選び、恋愛、その他諸々）に挫折した若者が、愛する肉親の死後、結局は若くして死を遂げるというものですが、後にケラー自身の手で改作が試みられ、結末は華々しいものではありませんが、穏やかな生活を送るように描かれています。『デミアン』は、もともとは、「エミール・シンクレールの若き日々」というような意味のタイトルで、言わばシンクレールの「自伝」として発表された小説です。十歳のエミールの記述から始まるもので、後にヘッセの作品であることが明かされたものです。余計なことですが、私は中学二年の読書の宿題に、『デミアン』を選んで、かなり長文の感想文を書いた記憶があります、内容はすっかり忘れましたが。『デミアン』の旧タイトルが直接的に指示しているように、いずれの小説も、一人の少年が、家庭のなかで庇護されていた状態から、世間に出ていかねばならぬ、ちょうど境目のあたりで、自分という個人をどのように「築き上げ」「造り上げ」て行くのか、その過程を描いた小説がそれということになります。

念のためですが、この表現のなかの〈Roman〉は「小説」（特に長編の）の意味であって、そうした作品が生まれたのは、確かにロマン主義の時代でありましたが、「ロマン主義」とは直接の関係はありません。ちなみに独語で〈culture〉に相当するのは〈Kultur〉ですが、こちらは、どの独和辞典でも「文化」という訳語が最初に現れ、「教養」は三番目くらいに位置しています。「教養」に相当する言葉として、独立に

〈Bildung〉を持ち得た結果と言うべきかもしれません。このあたりは、言語によって微妙に意味のずれが感じられます。なおヨーロッパ語で〈culture〉に当る言葉には、生物学、医学特有の用法として、「培地」、つまり細菌などを培養するための用具の意味があることは、弁《わきま》えておいてよいかもしれません。

いずれにしても、このように調べてみると、英語でも、仏語、独語の場合も、「教養」という概念に、意図してパロディ化する場合は別として、通常は、日本のような、一抹の恥ずかしさが伴うような傾向は備わっていないと言って差し支えなさそうです。

犬と聖人

教養のあるなし、ということのなかに、知識のあるなしが、少なくともある程度含まれていることは、間違いありません。ある翻訳書のなかに、「それはあたかも雪の中で聖ベルナルドゥスに出会った想いであった」という一文があったそうです。当該翻訳書を私は読んでいないので、他書からの受け売りに留まってしまいますが、笑えます。たしかに十二世紀フランス、クレールヴォウに聖ベルナール（Bernard de Clairvaux、ラテン語表現では、ベルナルドゥス Bernardus Claraevallensis, 1090~1153）として知られる著名な説教家がおりました。後世列聖されて「聖」を付けて呼ばれます。ヨーロッパの歴史のなかで、聖ベルナルドゥスというと、誰もがこの人を思い出します。原著が英語だったようなので、原文は恐らく〈St. Bernard〉とあったのでしょう。訳者は、辞書でこの語を引き、「クレールヴォウの聖ベルナール」を引き当て、そのラテン語型に戻るべき、と考えて、この訳文が生まれたものと思われます。

しかし、「雪の中で」この聖人に出会うことにどのような意味があるのでしょうか。この聖人に、吹雪の中で人助けをした逸話でもあったのでは、という憶測が働いたのでしょうか。この文脈での訳文は、どう考えても、「雪の中でセント・バーナード犬に出会った想いであった」でなければなりますまい。スイス・アルプスの救助犬セント・バーナードは、超大型犬（マスチフ＝〔アルパイン・マスチフ〕の別名もあります）の一種で、体重は一〇〇キロを超える個体もあるとのこと、いつも気付け薬の小さな酒瓶を首にぶら下げ、雪の山中で遭難した人々を救助する一翼を担うことで有名です。記録によると、ある犬は生涯に（大型犬の宿命で、寿命は精々一〇年ほどと長くありません）五〇名近くの遭難者を雪中救助したとのことです。この訳者も、別途その知識はあって、ただ思いつかなかっただけかもしれませんが、やはり、聖人や犬についてのある程度の知識があれば、この滑稽な誤訳を犯すことからは免れたはずです。

ただし、この訳者、聖ベルナールを持ち出すのであれば、「マントンの聖ベルナール」としたなら、見事だったのに、とも思います。あ、もしかして、本当にそのつもりだったのでしょうか、それなら、私は、ここで、こうした文章を書いたことを、当の訳者に謝罪しなければなりませんが。というのも、セント・バーナード犬と言われている犬は、スイスとイタリアを結ぶ幾つかのアルペン通路のなかで、比較的西側の峠越えの街道として知られる「グラン・サン・ベルナール街道」の山中で飼育された犬種で、そのためにこの名があるのですが、この急峻な峠を含む街道は、冬場は難所であり、十一世紀、この地域にあった修道院の修道僧で、「マントンの聖ベルナール」〈St. Bernard de Menthon, c. 1020~1081〉という人物が、修道院を拠点に遭難者を収容するホスピス〈Hospice du Grand St-Bernard〉を建てたことに由来して名付けられたものです。

このような例に出会うと、私たちは、「おやおや、この訳者、教養が足りないな」とつぶやいたりします。この種の「教養」のなさは、欧米の文章の邦語訳のなかでは、特にキリスト教関係で顕著になります。恐らく上記の例でも、なにやら〈Saint〉が付く言葉が出てきたが、キリスト教関係として置けば無難だろう、というような思惑が訳者にあったのかもしれない（だからこそ、これが犬の話だ、などとは夢想だにできなかったのかも）と邪推したりもします。

ペテロはセントピーター？

もう一つ例をみましょう。大学者として自他ともに許すT氏（故人）が監訳者となっているかつての大ベストセラー、ガルブレイズの『不確実性の時代』のなかに、「それはあたかもセントピーターが教区の司祭のところへ現れたような」という訳文が見られます。翻訳が、A言語からB言語への単なる語の置き換えで済むのなら、この訳文は「誤訳」ではないと強弁できるかもしれません。原文はたしかにそのように書いてありますから。でも、セントピーターとは何ごとでしょうか。言うまでも無く、それは、イエスが、お前の上に我が教会を建てるとまで言ったとされる、イエスの直弟子「ペテロ」以外には考えられません。カトリック教会は教皇を信仰における最高権力者としていますが、その初代とされるのが、聖ペテロなのです。そのペテロが、一介の教区の司祭のところに、という意味が、訳文ではまるで伝わらないのは、やはりそうしたキリスト教の初歩的な知識、教養が欠けている結果の無残さとしか言いようがありません。プロテスタントも含めて、日本のキリスト教世界で、ペテロを英語読みして「ピーター」とすることとは、絶対にあり得ません。

念のためですが、カトリックの聖職者である司祭（神父）には、二種類の立場があります。一つは、イエズス会、ドミニコ会、フランシスコ会などの修道会に入会して、その会員として働く立場です。会独特の使命があることはもちろん、最終的に司祭としての認可が下りるまでの手順、司祭としての行動原理など、特有の取り決めに従う義務があり、他方人事権などの管轄権は修道会の責任者にあって、日常的にはその管轄下で働きます。一方カトリック教会には、行政区のように、地域を区割りにして考える制度があります。その区割りが「教区」と呼ばれるものです。教区には、その責任者として司教（あるいは大司教）がいます。教区の責任者である司教が常住する教会を、カトリックでは、「司教座聖堂」（Cathedral ＝ギリシャ語由来）と呼びます。外見で直ちに判るように、四つの尖塔を備えるのが通例です。東京教区では、文京区関口の「聖マリア大聖堂」が、大阪教区では、中央区玉造の「聖マリア大聖堂」がそれに当ります。責任者の司教の下で、修道会には属さず、いわば地域直属の形で働く立場の司祭のことを「教区の司祭」と言います。実際上その管轄権は、上述のように、その教区の責任司教にありますが、そのハイアラーキーを辿れば、最終的には、形式上ただ一人の最終責任者である教皇ということになりましょう。

つまり上の文章は、目もくらむような幾重にもなったハイアラーキーの一番下の人物と、そのハイアラーキーの頂点に立つ人物との出会いを、比喩として描いているわけです。なお、このことからもおわかりのように、カトリックの教会には、修道会の責任下にあるものと、教区の責任下にあるものと二種類あることになります。

知識＝教養か

あまり趣味のよいことではありませんが、ちょっと気を付けていれば、およそ枚挙に暇《いとま》が無いほど、キリスト教に関るこの種の「無知」に出会います。無論かく言う私も、別の領域では、似たような「無知」を幾つもご披露してきた自覚がありますから、他人をあげつらうのも恥ずかしい所業に違いありません。

こうした「無知」の反対側に、「教養」の少なくともある部分上の要素があることはたしかでしょう。専門に拘《こだわ》らず、できるだけ幅広い知識を身につける、現代の教養教育と呼ばれるものの基本が、そう考えられているのも、その証左でしょう。私が卒業した東京大学教養学部のモットーは〈later specialization〉でした。〈late〉が比較級になっています。「人より、〈より遅く〉専門を決めなさい」というわけです。そこでは、三年生になって専門となる学問領域を一応選択した後も、卒業まで、第二、第三外国語や、相当数の専門外の学問の単位取得が義務付けられていました。学生があのモットーを実行するように、制度上もかなり厳しく仕向けられていたわけです。

こうした状況を批判するのは簡単です。浅く、広い知識の修得はできても、学士の資格保証に十分な学問上の「深さ」は置き去りだね。結局は軽佻《けいちょう》浮薄《ふはく》な、単なる「物識り」を養成しているだけさ……。いくらでも、このような批判を続けることができるでしょう。そして、一面では、そうした批判は、真実を衝いてもいます。とりわけ、「教養」の豊かさが、修得した知識の量によって測られる限り、私も、そうした批判を首肯せざるを得ないと考えています。たしかに、豊富な知識は「教養」の必要条件ではありましょう。しかし、それだけで、「教養」本来の理念が十分であるとは、断じて言えない。そうでなければ、「教養」はいつまでも、幾分の恥ずかしさを伴い、その裏返しとしての揶揄の対象であり続けることになりましょう。

では、幅広い知識のほかに、教養は何を求めるのでしょうか。

文系と理系

高等教育を文系と理系に分ける、という制度上の仕組みは、日本ではすでに戦前からありました。旧制高等学校は、本来は大学予備門の役割を果たす組織として発足しました。つまり、今の高等学校と違って「高等教育に準じるもの」という位置づけであったことになります。一八八六年に高等中学校という呼称で始まったものを嚆矢《こうし》とします。

頭初は、一部（法、文）、二部（理、工、農）、三部（医）という区分けがあったようです。ここでもすでに、文系・理系への振り分けが制度として始まっています。その後、学制の改革が重なりますが、一八九四年に高等学校大学予科と名称が変わり、さらに一九〇一年になって単に高等学校となります。そこでは、文甲、文乙、文丙、理甲、理乙、理丙という組織上の区別がありました。

甲、乙、丙は、修得する外国語の区別と並行しており、それぞれ英、独、仏に相当しますが、理乙は医学関係で使われる言語がドイツ語を土とするところから、事実上医学、薬学、農学を専攻しようとする学生のための組織でありました。つまり、高等教育における文系と理系の峻別は、日本の高等教育とともに始まり、牢固として今日に至っていることになります。

それどころか今では、中等教育に属する高等学校の段階で、すでに理系と文系の分離が行われています。生徒たちも、そうした制度上の分離を、自身の本質的な特性の差異とみなして選択するような習慣に、早くから慣れてしまっているのが通常です。そのメルクマールとなるのが、数学への距離である、というのも常識のようです。数学が良くできるから理系へ、数学が嫌いだから文系へ、というわけです。

全く余計なことかもしれないことをあえて付け加えます。現在の東京大学では、構造が大学院組織を主体としているので、大学院での話として書きます。東京大学での大学院数学専攻課程は、理学系からも、工学系からも絶縁して、独自の課程を立てています。つまり数学は、理工系の主人でも召使いでもないという主張を鮮明にした結果でしょう。少なくとも東京大学では、数学ができるから理系へ、あるいはその反対に、数学が不得意だから非理工系に、将来を定めよう、という受験生の「常識」は、実際には通用しなくなっているのですが、世間の常識は、改まってはいないようです。

父に読まされた本

話を戻します。旧制の教育制度においても、すでに見たような文系・理系の区別は、ほとんどアプリオリに存在していましたが、それが人間一人ひとりの本質的な特性の差異である、という意識は、学生たちの間にはなかったように思います。といっても、私は、旧制度を経験しているわけではなく、自分の親の世代のことから類推するのみなのですが。

父親は一九〇一年生まれの医師、大正時代に高等学校（理乙）を経験した人でしたが、その頃の友人たちと集まって話すことは、カントだったり、ニーチェだったり、ドストイェフスキーだったり、トマス・マンだったり、集めたレコードで聴く音楽は、ベートーヴェンだったり、フランクだったり、ストラヴィンスキーだったり、およそ「理系」らしからぬ話題ばかりだったようです。彼らはドイツ語組ですから、愛読するのは岩波文庫のモデルになったレクラム文庫でしたが、父親の蔵書として残っている膨大なレクラム（当時のことですから、うんざりするような読み難い髭文字のドイツ語ですが）の大部分は、文芸書（それも、ドイツはもちろんですが、ロシアやフランスの作家たちの作品の翻訳も多数に及んでいます）の類でした。

父が小・中学生であった私に読ませた書物といえば、漱石は別としても、文芸では上記のドストイェフスキーやマンはもちろん、トルストイ、ロマン・ロラン、ルソー、マルタン・デュ＝ガールなどなど、さらにデカルトの『方法序説』であり、カントの『第一批判』であり、ポアンカレの『科学と方法』であり、ハルナックの『基督教の本質』であり、アーレニウスの『史的に見たる科学的宇宙観の変遷』であり、徳冨蘆花の『自然と人生』であり、幸田露伴の『五重塔』であり……。判っても判らなくとも、とにかく読め、でした。

お判りの通り、すべて岩波文庫（今では新訳に改稿されているものもあります）、文理ごちゃごちゃの、すべて今でも書棚に残っている、我が青春の残骸です。無論、父はすべて自分で読んでいたはずですから、医師を目指す上で制度上は一応「理系」にいたとしても、背後にある文化的な枠組みは、理系と文系などという区分はまるでなかったとしか言いようがありません。そして、このような傾向は、私の父親個人のものではなく、父親の世代の高等教育を受けた人間に共通する特性であった、と私は確信を持って言うことができます。

しかし、父親から「教養」というような言葉は一度も聞いたことがありませんでした。

つまり、現代において文系・理系の分離を問題にしようとする際に、ほとんど常に背景となるのは教養という視点、あるいはリベラル・アーツという視点なのですが、かつて旧制の現場では、教養というような概念が意識的に課題化されてはいなかった、と考えられます。

もちろん、私たちは「大正教養主義」という概念を持っています。しかし、教養という言葉が普通の辞書に現れるのは、もっと後の話です。しかも、最初のうちは、「教養」というのは文字通り「教え養う」ことだったようです。例えばすでに別のところでも書きましたように、木下尚江の小説『良人の自白』の一節、「実子として教養してくれ」と良人が、外にできた子供の養育を妻に依頼する場面、などがその用例でした。

これは正確な根拠があっての話ではありませんが、ドイツ語の〈Bildung〉の訳語として「教養」が使い始められたのが、現代的な意味での「教養」の用法が普及していくきっかけだったのでは、と私は推測しています。

「反専門化」の必要性

しかし、考えてみると、ヨーロッパ本来の〈artes liberales〉（ラテン語）あるいは

〈liberal arts〉（英語）も、三科（論理学、文法、修辞学）と四科（天文学、幾何学、算術、音楽）に分かれ、三科は人文系、四科は自然系という特性であるということも可能です。人間を対象にした知的探求と、自然を対象にしたそれとの間には、自ずから基本的な差異が生じるのは、別段批判すべきことではなく、まして非難の対象になることではないでしょう。

だとすれば問題は、文系と理系の区別・分離ではなく、むしろそうした系を固定化し、専門化することにあるのではないでしょうか。つまり、「教養」という現代における概念が主張しようとするのは、よく言われる「文理融合」なのではなく、「反専門化」と言うべきなのではないでしょうか。

専門化という日本語を英語にしようとすると、実に多くの言葉が頭に浮かびます。最も安直な答えは〈specialization〉でしょうか。思いつくままに挙げてみましょうか。〈compartmentalization〉〈expertization〉〈twiggism〉などというのもあります。少し意味がずれますが〈trivialization〉も類似の概念です。

ここで「コンパートメント」というのは、本来ヨーロッパの鉄道の車両の客室のことです。日本の列車の客車が、中央の通路の両脇に、整然と二座（新幹線では通常二座と三座）が並んでいるのに対して、ヨーロッパの客車は、通路が一方の窓側を通っており、それと直角に置かれた三人掛けのソファーを内蔵する、仕切り扉のついた小部屋が、並んでいるのが通例でした。最近では、日本型の車両も普及してきましたが。とにかく、その小部屋のことを「コンパートメント」と呼ぶ習慣があります。

「トゥウィッギズム」というのは珍しい比喩ですが、〈twig〉というのは、「小枝」あるいは「梢」というような意味で、樹木が枝先に向かってどんどん枝分かれし、細くなっている様の類推から生まれた言葉でしょう。

「トリヴィアル」というのは、「些細な」という意味で、もう少し否定的には「取るに足らない」などの語感を含みますが、一説によれば、リベラル・アーツの「三科」（trivium）から派生した語だということです。つまり、誰もが修得していること、から生まれた語で、一見「専門性」とは全く逆の意味のようですが、特定の専門の中で「些末なことを深掘りしたがる」というような意味が表現されていると思われます。

このような専門化現象と対立するのが教養主義と考えれば、現在文部科学省でも真面目に考慮され始めている「後期教養教育」という概念も素直に理解できます。つまり、大学院においても、あるいは大学院だからこそむしろ、教養教育、つまり専門の領域だけに視線を固定してしまうことから抜け出すための教育が必要である、という考え方です。

「専門家」という概念を超えた「専門家」

重ねて書きます。問題は文・理の乖離というよりは、極端な専門化現象にこそあるのではないでしょうか。

何でもアメリカでは、と外国の例を出すのは、筆者の本意ではありませんが、ここでは実際そうなので、仕方がありません。アメリカでは、面白い言葉が発明されています。〈lay expert〉という言葉です。〈lay〉というのは、最も一般的なのは、宗教の世界で、聖職者以外の、「普通の」信徒のことを指します。日本のキリスト教界では「平信徒」と訳しています。カード・ゲームでは、切り札や絵札以外の「普通の」札のことです。そこから転じて、医療の世界などで、「医療関係者以外の」という意味で使われています。「専門家でない」という含意を持っていることになります。したがって、〈lay expert〉という語の並びは、明らかに語義矛盾を孕《はら》んでいます。そこに、この語が生まれた意味があります。

筆者がこの語に接した最初の例は、やはり医療の世界でした。アメリカで、HIV（Human Immunodeficiency Virus＝ヒト免疫不全ウイルス）によるAIDSが男性同性愛者グループの間で蔓延し始めた頃、全く未知の病原体でしたので、医療側は防護策については助言できたものの、治療については、ほとんど無策という状態でした。やがて、抗癌剤としての機能を期待されたものの、副作用が強く製薬会社の倉庫に眠っていたAZTという物質（現在ではZDV＝ジドブジンの名称が使われ、商品名で「レトロビル」として通用しています）に、何らかの有効性が認められる可能性が示唆され、いわゆる臨床実験が始まりました。

臨床実験（治験）というのは、前段階で動物を対象に主として毒性試験を行って、安全性が許容範囲であることが確かめられたことを前提に、実際に人間（特に患者）を対象に、安全性、有効性を確かめる何相にも亘る試験のことを言います。その際、二重盲検法（double blind method）を採ることが、国際的に求められます。この方法は、患者を対象とした試験で、患者をテスト群と対照群（コントロールと言います）に分け、前者には当該の試験物質を、後者には偽薬（プラシーボ）を投与して、そこに有意な差があることが確認できれば、その物質の有効性にプラスの評価が与えられる、という仕組みです。通常偽薬には、当該の疾病に対して、その段階で有効と認められる基本的治療薬が使われます。当然AZTの治験でも、同様の手続きが採用されましたが、この場合は、偽薬の条件に相当する基本的治療薬が皆無なわけですから、結局、人畜無害な物質（例えば乳糖をタブレット化したもの）を偽薬とするほかはありません。そして、大事なことは、治験期間中は、被験者はすべて、他の治療法の影響の可能性をキャンセルするために、一切の医療行為から切り離されることも条件になっています。しかしそれでは、治験期間中、対照群に属する患者は、他の治療法を試す機会もないままに、完全に医療から放置されていることになります。

その間にもAIDSの患者たちは、次々に亡くなっていきました。有名な俳優ロック・ハドソンもその一人でした。患者たちは殺気立っていました。中でもACT-UP（AIDS Coalition to Unleash Power＝「〔我々の〕力を爆発させるためのエイズ連携」）というグループの活動は、ハーヴァード大学医学校の新学期開講式に乱入して、結局は「模擬血液」だったそうですが、ウイルスに汚染された（とみせかけた）血液をばらまいたり、と大変過激でした。特にAZTは希望の星のように思えたため、治験中の対照群の患者たちの置かれた状況に激しく反応し、メキシコから廉《やす》くAZTを密輸して、治験グループ患者皆に配ったりしました。

しかし、ACT-UPのメンバー（基本的にはＡＩＤＳ患者、その支援グループも加入していました）の過激性は時間とともに鎮静化し、治験の最終責任を負うＦＤＡ（全米食品医薬品局）とも和解的に動くようになりました。彼らは、ネット上の医療情報などにも終始気を配り、また患者の日常や、病勢の変動などにも、詳細なデータを蓄積するようになり、ＡＩＤＳ患者に接し慣れない臨床医などよりも、この疾患についての詳細情報から患者の心理状態に到るはるかに豊富な知見を持つグループに成長したのでした。個々のメンバーは、地方公務員であったり、オペラ歌手であったり、自動車レーサーであったりと、およそ医療・医学には関りのない多方面の「素人」でしたが、ことＡＩＤＳに関する限り、このグループの持つ経験と知識とは、並みの医師や医療機関をはるかに凌駕するレヴェルに達し、実際、その後は、多くのＡＩＤＳ患者を手掛ける臨床医に対して、コンサルタントとしての役割を果たし続けています。

話は長くなりましたが、まさにこのACT-UPグループなどは、〈lay expert〉の見事な代表例として考えてよいと思います。彼らは、患者一人ひとりの細かな心の内まで、熟知しており（何せ当事者たちなのですから）、患者の視座に立っての医療のあるべき姿を実現するために必要な、極めて広い（通常の医師や看護師には期待できないほどの「広さ」の）知見を有していることになります。そのような、これまでの「専門家」という概念を超えた「専門家」たちを、現代社会が必要としていることは確かです。

一言付け加えれば、このことが医療なら医療の世界で、専門家が軽んじられることに繋がるとすれば、それは間違っている、と考えます。それこそＣＯＥＬ〈Coalition of Experts and Lay-experts〉となることが望むべき姿だと思います。

さて、現実の制度の問題に戻れば、一人の人間が十五歳くらいの年齢から先、高等教育を受けても、理科系の学問に一切関りを持たずに社会に出ていくというのは、非常に偏頗《へんぱ》な状況であることは確かです。高校一年生で理科に見切りをつけた若者にも、理科的な「教養」を培う機会を用意しておくことは、社会として絶対に必要なことだと思います。同時に理科系を選択した若者にも、人間とは、社会とは、といった問題を考える機会を用意することが、決定的に重要だと思います。

つまり、自然科学から制度上切り離されてしまった若者たち、人間・社会の諸問題から制度上切り離されてしまった若者たち、彼ら双方を何らかの形で「救済」する方法を、制度が提供することは、私たちにとって喫緊の課題であることになります。

〈artes liberales〉「自由人」が学ぶ技

戦後の日本の大学の教養教育科目、あるいは一般教育科目は、「パンキョウ」などと学生たちから片付けられる運命にあった（あるいは、今でもある）代物ですが、この前身は言うまでも無く、ヨーロッパで十二世紀に大学が生まれた際、まず学生たちが修得することを求められた七つの技芸、つまり〈liberal arts〉であることは、これまでにも書いてきました。

七つの技芸は「三科」（trivium）と「四科」（quadrivium）とからなります。論理学、文法、修辞学（弁論術）が「三科」、天文学、算術、幾何学、音楽が「四科」というわけです。「三科」は、言葉を操る際に弁えておくべき技、「四科」は、自然を探求する際に身につけておくべき技、ということになります。「四科」は、広い意味での「数学」に近いと考えてよいでしょう。音楽が、そこに含まれているのは、いささか奇異に思われるかもしれませんが、古代ギリシャ以来、音楽は自然界のなかにある（数学的）秩序に関るものと考えられました。例えば、自然倍音の形成は、完全に数学的なルールで把握されるからです。あるいは、今に残る音律論の術語として「ピタゴラス・コンマ」というものがあります。ここは音楽論の場ではないので、詳しい説明は第五章に任せますが、現代風に言えばオクターヴを十二の半音に分割した際、半音の造り方に微妙な差が生まれる。例えば通常ピアノでは同じ音にしかならない（いわゆる異名同音である）HisとCとの間に現れる差を考えてみればよいと思います。そのことを計算で示したのがピタゴラス・コンマです。ことほど左様に、ギリシャの音楽論は、数学的に緻密なものでした。

〈artes liberales〉（〈liberal arts〉のラテン語表現）は、直訳すれば「自由な業」ということですが、「自由な」という言葉の意味をどう解釈すればよいのでしょうか。一般的には、古代ギリシャ・ローマの都市国家で「市民」と言えば「自由民」のことを指します。そうした自由民たちが学ぶべき「技」というニュアンスで、「自由な」という言葉が使われた、というのが定説です。つまり、この概念は、古代ギリシャ・ローマ社会にその原型があると考えられています。一般に、職人が身につけるべき技は、相手にする「もの」の持つ本性や特性に逆らわないように扱うことをもって原則とする、言い換えれば「もの」の道理に縛られています（すなわち自由ではない）が、自由民が知的に相手にする対象である言語（三科）も、自然（四科）も、そういう「もの」としての直接的な強制力を持たない、それどころか、こうした七つの基礎的な技を身につけることで、人間はより自由に、知識の世界で羽ばたくことができる。そのような考え方が背後にあって、選ばれ、名付けられたのが〈artes liberales〉であったと思われます。このラテン語の熟語自体はすでにローマ時代末には使われていたとされますし、理念としては、ピタゴラス派の集団の中で、これら七つの技の修得がメンバーに求められたとも言われています。

ただ、ヨーロッパ中世に発した大学では、こうした「自由七科」を学んだ後、細かく分かれた専門の学問に進むのか、と言えば、それは基本的に違います。そこが今の大学と根本的に違うところです。大学で学べるのは、本来は哲学だけです。つまり「自由七科」は哲学を学ぶための準備であったわけです。もちろん当時の大学にも、付属として神学校、法学校、医学校という別立ての組織もありました。哲学を修了した学生の中で、司祭、法律家、医師という専門的職種を目指す人々は、これらの付属学校で、それなりの訓練を受けました。しかし、大学の本体は、哲学を学ぶために存在していたのです。

無論ここで言う哲学は、現在の自然科学や経済学が扱うトピックスも内包していました。しかし、学問は、個別科学に分岐してはいなかったのです。ヨーロッパの大学が、現在のような個別科学に分化した構成を備えるようになるのは、実に十九世紀のことです。

他方アメリカの大学は、このような学問の分化傾向に対応するのが遅れました。ヨーロッパの大学が、すでに十九世紀中頃までに、学部レヴェルで、高度に分化した専門的学問を扱うように進んでいた状況に、アメリカの大学は大学院という組織を制度上明確にすることによって対抗したわけです。一八七〇年代に生まれたジョンズ・ホプキンス大学が、その典型例と考えられています。アメリカの大学が一般に、今でも「リベラル・アーツ・カレッジ」と自他ともに称する傾向が強いのは、そうした歴史があるからです。他方ヨーロッパの大学では、今日でも制度的、形式的な大学院を整備していると は言えないような例が多くあります。

日本の大学における「パンキョウ」

このアメリカの事情は、戦後の日本の高等教育制度にも大きな影響を与えました。日本では、戦後GHQの占領政策の下で、初等・中等教育が六・三・三制となり、さらにすべての都道府県に少なくとも一つ以上国立大学を設置することも定められ、また一般教養も義務化されました。各自治体にあった官立の旧制高校や師範学校などを母体に、急遽国立大学が都道府県に一斉に創設されたのです。京城と台北の二つの帝国大学は、朝鮮半島と台湾の版図を失った戦後の日本の手を離れ、東京、京都、東北、北海道、名古屋、大阪、九州の旧制帝国七大学が、新制国立大学として戦後も残ったわけですが、それに加えて、国立大学は濫立することになりました。評論家大宅壮一は、そうした状況を表して、「駅弁大学」という名称を奉ったものでした。

こうして、すべての新制大学は、義務化された一般教育科目のための学内組織として「教養部」を造って、そこに配属された教員が、もっぱら一般教育科目としての三分科のそれぞれの個別科目を担当する仕組みとしました。人文科目では、哲学をはじめ、西洋史、日本史などなど、社会科目では、経済学、社会学、法学などなど、自然科目では、物理学、生物学、化学などなどがそれに当ります。大学に入学した学生すべてに、共通に課される科目で、学生はそれぞれの分科から二科目ずつ、外国語二科目、法学とは別個の「憲法」。そして体育実技と体育理論という科目単位を必修として修めることを義務付けられたわけです。それに伴って、大学の入学試験も、そうした科目構成に見合うような形式に改められたわけです。

同時に大学院もまた、前期二年（修士課程）、後期三年（博士課程）の公式の制度として形式化され、課程を修了し、所定の論文を提出・合格すれば、自動的に学位が取れるようになりました。話は脇道に外れるようですが、かつては、医学博士を除けば、博士号はほとんど一生かかって練り上げた研究成果を示す学位請求論文に、言わば褒章の形で下し置かれる称号のような意味を持っており、逆に、時には文部省（当時）の恣意的な判断で、論功行賞として授けられるものでもありました。小説家として大成した夏目漱石に文部省が博士号を授与しようとして、こっぴどく撥ね付けられたなどということも起こりました。文士のなかでは森鷗外や幸田露伴は大人しく博士号を受けたはずですが。

駒場（東京大学教養学部）と本郷

おおむね国立大学での状況として、話を続けますが、そのように制定された「教養教育」あるいは「一般教育」は、どのように運営されたのでしょうか。

既述のように、ほとんどの大学では、「教養部」という組織を作って対応しました。旧帝大を除けば、旧制高等学校や師範学校の教員たちを母体として造られた新制大学でしたので、そもそも「大学教員」という立場に微妙な較差が生まれました。そうした教員は、とりあえずは「教養部」に属する教員として、担当科目を受け持つことが多かったのです。そして、旧帝大を卒《お》えて、それなりのキャリアを積んだ学者が、言わば定年後の絶好の就職先として、新制大学のポストを得ることが定型化したために、同じ物理学なら物理学という教科を担当しながら、学部学科での担当教員と、教養部での担当教員との間が、一級市民と二級市民様に分かれる、というような事態が生まれました。その上、「教養部」というのは、国立大学では、学内の任意団体のような性格で、教員定員も、学生定員もなく、したがって、文部省における予算の裏付けもない、その上、権威もない、というのでは、教養部制度は、決して、歓迎すべきものとは映らなかったと言えます。

もっとも東京大学は少し違った途を歩みました。旧制第一高等学校と、同じく官立ながら、非常に特殊な教育機関として知られた旧制東京高等学校の教員が母体となって、駒場キャンパスに「教養学部」が造られたのです。東京大学に入学したものは、理科も文科もなべて等しく、二年生までは、この学部で一般教育科目、あるいは教養科目を履修することになりましたので、教養学部の教員は、すべて、この教養科目を担当することが、義務付けられたわけです。

他方、教養学部は「学部」である以上、教員定員と学生定員がつきますし、下位組織として「学科」が認められます。一九四九年に新制度が始まって二年後、つまり新制の東京大学の最初の全学生たちが二年生を終わる年に、彼らの一部が進学すべき後期課程としての「教養学科」もオープンすることになりました。ただし、既存の学問分野は、本郷キャンパスに、旧制の学部・学科の中で温存されていましたので、新教養学科の内容は、それらと重ならないことが、侵すべからざる原則になりました。例えば「自然地理学」や「自然人類学」は、既成の学科がありましたので、教養学科には、「人文地理学」や「文化人類学」が組織化されました。また新しい分野としての「科学史・科学哲学」も一つの分科として認められました。他には「地域研究」という分野ができました。イギリス、フランス、ドイツ、などの「地域を研究する」という名目で、本郷の既成の学科である「英文」「仏文」「独文」とは重ならないとされたのでした。

しばらく経って、駒場キャンパスの芸術を専攻する教員たち（例えば、バッハ研究で知られる杉山好氏、ワグナー研究家高辻知義氏、舞台芸術専攻の渡邊守章氏、美術史で著名な高階秀爾氏ら）が、駒場キャンパスにも芸術関係の専攻課程を造りたいと、下準備を始めたとき、本郷の芸術研究の中心である美学・美術史学科の教員から、新設の課程の関係文書の如何なる場所にも「芸術」という言葉を使ってはならない、というきついお達しがあって、結局「表象文化研究」という判り難い表現をとらなければならなかった、というような事態も生まれました。

ちなみに付け加えますが、国立大学では、後に埼玉大学が教養学部を造りましたので、国立大学として教養学部を持つ大学は、東大と埼大の二校になりました。現在では、公立や私立でも、秋田県立国際教養大学、早稲田大学国際教養学部、東京女子大学現代教養学部など、幾つかの大学が、教養学部を備えることになりましたし、国際基督教大学は、私立ですが、最初から教養学部一学部大学として、アメリカのリベラル・アーツ・カレッジに似た構造をもって今日に至っています。

いずれにせよ、様々な理由から、戦後日本の大学教育の出発点としての「教養教育」は、失敗であった、と私は思います。その一つの証拠は、一九九一年に発表された大学設置基準の「大綱化」（大学設置基準の大幅改訂）と言われるものによって、上に挙げたような一般教育制度は事実上骨抜きになりました。「一般教育科目」という科目指定もなくなりました。東京医科歯科大学を除くすべての国立大学（今はこの名称は使わないのですが、面倒ですから、そのままにします）では、教養部を土台にして、新しい学部、それも教養科目担当とは無縁の、新学部に組織替えをしました。学部でないことの悲哀を知り尽くした結果であったと思われます。そして、「パンキョウ」などという学生用語が物語っているように、この制度の実りのなさが、日本社会において、「教養」という言葉の軽視の傾向へ拍車をかけた、と私は考えています。

第四章　日本語と教養

言葉が階級化している国・イギリス

スコットランド貴族の家系ながら、通常アイルランド系イギリスの著名戯曲家とされるバーナード・ショウ（B. Shaw, 1856~1950）の代表作が『ピグマリオン』であることは、よく知られています。映画化されて『マイ・フェア・レディ』となったからでもあります。音声言語学者のヒギンズ教授が、ロンドンの下町の少女イライザ・ドゥリトゥルを上流階級で通用する女性に仕立て上げようと、彼女のコクニー（ロンドンの下町訛《なま》り）を徹底的に改変しようとする物語です。下層階級の話言葉を「上品」な話言葉に、言わば手術で替えようというわけです。無論どこの国にも、お国訛りのほかに、「上品」な言葉遣いと「下品」な、あるいはぞんざいな言葉遣いの違いはあるでしょう。しかし、イギリスほど、言葉が階級化している国も少ないと言われます。

思い出すのは、かつて、サー・エドワード（Sir Edward Richard Heath, 1916~2005）が首相を務めている頃（一九七〇~七四年）、イギリスの友人との間に起こったエピソードです。その友人があるとき私にこんな質問を投げかけりました。「ヒース首相が、庶民の間に今一つ人気がないのはなぜか知っているかい？」。私が知るわけがないのを承知の、これは次の説明を引き出すための擬制の質問です。「彼はね、出身階級の正確に二階級上の言葉を、完璧に話すからだよ」。確かに彼はそう言いました。如何にも、どうだい、イギリス人というのが少しは判ったかい、といった調子、幾分かの自嘲と、幾分かの自負を交えた、微妙な態度が印象に残ります。

サー・エドワード（念のためですが、首相として、王の家臣の立場にあった人は、平民でも一代限りで「貴族」の称号〈Sir〉を貰います。〈Sir〉が付くと、通常は姓は忘れられて、ファースト・ネームだけで呼ばれる習慣があります。イギリス初の女性の首相サッチャー、Margaret H. Thatcher, 1925~2013の場合は、〈Sir〉は不都合なので、〈Baroness〉が与えられ、この場合は、ファースト・ネームでなく〈Baroness Thatcher〉と呼ばれたようです。

〈Baroness〉は〈Baron〉＝男爵の女性形です）は、大工の家の出身で、オクスフォーディアンですから、当然オクスフォード英語をマスターしたでしょうが、それがどこかに身につかない徴候でもあれば、スノッブではあっても可愛げがあるが、「完璧」となると、信用しきれないものが残る。そんな庶民の感情があることを、その友人は言いたかったのだと思います。それにしても正確に二階級上の言葉とは！

英語では、時にＲＰという言葉が使われます。〈Received Pronunciation〉の略語で、うんと意訳をすれば、日本語でいう「標準語」に近いかもしれません。ＢＢＣのアナウンサーが話す言葉は、通常それだと言われます。王族（Royal Family）の使用言語もそうだとされることがありますが、実情は少し違うのではないでしょうか。王室出入りの貴族たちのある階級の人々は「吃《ども》る」のを良しとします。いわゆる生理的な吃音症とは多少異なり、声帯を振るわせて生まれた音が、そのまま素直に唇から外へ出るのではなく、口蓋内のあちこちにぶつかって、訥々と外に出てくる、そんな話し方です。もう少し下の階級の人々がときにこれを真似て、わざわざ「吃る」癖を持つようになることもあります。スノビズムの典型と言えましょうか。なお「吃る」という表現は、現在日本では慎むべきであることは承知していますが、ここはイギリスでの話として、使用を許されることを願います。

こうしたイギリスの言語階級とでも呼ぶべき現象を、バーナード・ショウが『ピグマリオン』で、言わば様々な皮肉を交えて、徹底して揶揄したわけです。

正統と誤用

これほど先鋭な言語上の階級意識は、多くはないかもしれませんが、やはり言葉遣いに、正統性とそこからの逸脱という枠組みがあるのは、どの言語でも同じです。正統性からの逸脱が、必ずしも「誤り」であることにはなりませんし、差別となるわけでもありません。もし「誤り」であるならば、例えば、日本語での方言やお国訛りも、誤りになってしまいます。方言やお国訛りは貴いものです。しかし、一方に「正統性」があるからこそ、そこからの逸脱の尊さも生まれるので、何でも許される(received)わけではないでしょう。

また、事実として、明らかに「誤り」である言葉遣いも決して少なくありません。日本語で考えてみましょう。例えば「消耗」の読みです。今これを正しく「しょうこう」と読む人はほとんどないのではないでしょうか。私のワードプロセッサーでは、四〇ほどの「しょうこう」の漢字化選択肢のずっと後ろの方に、「消耗」がようやく顔を出します。普通は「しょうこう」と入れても「消耗」は現れません。辞書でも、「しょうもう」は、「しょうこう」の誤用もしくは慣用とは書きますが、ちゃんとエントリーしてあります。つまり誤用が慣用化されて、改める余地がなくなってしまった例でしょう。まさに「受け入れられて」(received) しまった言葉遣いです。言語にはそういう事例は多数あります。言語が生き物である所以でしょう。

まことに恥ずかしながら、私は「楔形文字」をなんと七十歳頃までなぜか「きっけいもじ」と発音していました。考えてみると、「消耗」を「しょうもう」と読むのには、ある種の理屈付けは可能です。「耗」の旁《つくり》である「毛」の音に引きずられていることは明らかです。「憧憬《しょうけい》」を「どうけい」と読むのも同じですし、この種の誤用は多数見つかります。「楔形《せっけい》」は、同じ理屈で言えば、「喫緊」などという語からの、これも旁の連想で、「きっけい」と読み損なっていたのかもしれませんが。

政治権力も言語に関心があります。フランスでは国立のアカデミー・フランセーズが、スペインではやはり国立のアカデミーが、「正しいフランス語」、「正しいスペイン語」を定めていると言えます。イギリスには、この種の機関がありません。日本の場合は国語審議会が、その役割を果たすことになります。時には便宜を優先して、誤用を正当化することさえあります。典型的なのは「輿論《よろん》」と「世論《せろん》」です。本来この二つは似て非なるものでした（佐藤卓己『輿論と世論』新潮選書）。しかし国語審議会を中心とした国語政策の一環である漢字制限で「輿」を使えなくしたので、「輿論」が「世論」となってしまったわけです。この場合は、たまたま読みも、この混同を支えています。しかし「世論」を「よろん」と読ませるのは、「湯桶《ゆとう》読み」で、あまり感心できることではありません。若い読者で馴染みのない方もおられるかもしれないので、書かでものことを書きますが、「湯桶読み」というのは、二文字単語の先の字を訓で、後の字を音で読むことを言います、反対に先の字を音で、次の字を訓で読むのは「重箱《じゅうばこ》読み」です。音読み・訓読みが一つの単語でごちゃごちゃに使われるのは、みっともない感じを与えます。国語審議会の統制は、漢字制限ばかりでなく、仮名遣い、送り仮名など、かなりな範囲に及んでいます。小さな声で付け加えますが、私は私的な文書（主として書簡など）では、歴史的仮名遣い（送り仮名も含む）、旧漢字を使う習慣を捨てていません。

本来の意味での多様性

この章では、言葉をめぐる諸相を考えていますが、言葉は単なるコミュニケーションの道具ではない、という点は、ここで強調しておきたいと思います。もし道具という単語を使うなら、言葉は何よりもまず「認識の道具」です。三重苦で知られたヘレン・ケラー（Helen Keller, 1880~1968）の感動的なエピソードを思い出しましょう。彼女が混乱のさなかに、サリヴァン先生（Johanna M. Sullivan, 1866~1936）に導かれ、掌の上を流れるある感触に「水」という言葉が相当することを知ったとき、通常の子供たちが時間をかけて自然に、言語を学ぶ過程で会得すること、つまり言葉が世界を分別（articulate）・認識するための道具なのだということを、電撃的に悟ったのでした。

言葉がなければ、私たちは世界についての知識の理解法を持てません。そして私たちは、通常幼いときから学び続けてきた自らの母語（自然言語）の枠のなかで、世界を認識し理解します。その枠内では、共通の世界が成り立っているからこそ、その言語を使うことで、相互のコミュニケーションも成立することになります。つまり教養の最低限は、言葉の修得に伴って、しかるべきコミュニティのなかで生きていくための、世界を捉える枠組み、そのなかで行動するときに守るべき文化的習慣（エトス）などを身に着けることになりましょう。教養という語の最も適切な外国語であるドイツ語の〈Bildung〉

は、まさに、その感じを伝える言葉ですし、英語などの〈culture〉も、日本語で馴染みの訳語「文化」は、「教養」とは距離があるような印象を与えがちですが、「文化」の最も根底にある意味は、上の定義にピッタリ適うものでしょう。

しかし同時に、人間に与えられた潜在的能力のなかに、幼い時から言葉を学ぶ過程で修得する特定の枠組みから、逸脱する自由度、あるいは余裕というものがあることにも注目すべきでしょう。私はそれを機能的寛容と呼びたいと思っていますが、そもそも、一つのコミュニティを支える言語的枠組みにおいてさえも、その成員の一人ひとりは、完全に同一な自己形成をするわけではなく、そこにある程度の余裕、自由度があり、別の表現を使えば「創造力」を備えています。そうでなければその共同体はロボットのそれでしかないことになりましょう。

さらに、異なる言語系によって形成される枠組みに、少なくともある程度我が身を移してみるだけの能力も持ち合わせています。私が「機能的寛容」と呼ぶものが、最も鮮明に現れ得るのが、この場面です。現代日本では、「多様性」という言葉がマジック・ワードになってしまって、何でも「多様性」とさえ言えば、それで話が済むような有様ですが、ここでは、その語本来の意味で「多様性」と表現してもよいかもしれません。

そうした能力を、きちんと意図的に育てるのが、広義の教養だと私は考えています。

日本は「単一言語」？

この章の最初に、バーナード・ショウに触れました。そこで書きましたように、ショウの出自はスコットランドの貴族ですが、その祖先が、十八世紀にアイルランドに移住しましたので、アイルランドのダブリンの生まれです。

今更書くまでもないのですが、ちょっとおさらいをしておきましょう。イギリスといわれる地域は、日本と同じように、島国ですが、細かい島々を除けば、グレイト・ブリテン島とそれに抱かれるようなアイルランド島からなっています。そしてイギリスの正式名称は〈United Kingdom of Great Britain and Northern Ireland〉となっているように、非常に複雑な国家形態を持っています。つまり通常私たちが「イギリス」と呼んでいる国家は、実はイングランド、スコットランド、ウェールズ、それに北アイルランドという四つの「国」（country）の複合体です。北部アイルランドを除くアイルランドは、イギリスではなく、独立の国家で、正式にはアイルランド語の「エール共和国」と称しますます（アイルランド語の〈エール〉をイギリス語にしたのが〈Ire + land〉になります）。国旗もイギリスのいわゆるユニオン・ジャックとは全く異なり、クロス旗ではなく、フランスのような三色旗です。しかもユニオン・ジャックは、イングランドの国旗（St. George Cross）とスコットランドの国旗（St. Andrew Cross）に加えて歴史的アイルランドの国旗（St. Patric Cross）を重ね合わせたもので、その上ウェールズの国旗は無視されていることからも判るように、日本で言えば本州と四国に類するような、あの二つの主要な島々からなる狭いイギリスの歴史は、なんと複雑なことでしょう。

そこで、ようやく本題に戻れそうですが、言語も複雑です。アイルランド（北アイルランドも含めて）語と英語、ウェールズ語と英語、それぞれすっかり違います。現在ウェールズ「国」（「地方」と呼ぶ方が判りやすいでしょうが、グレイト・ブリテン島の中西部）へ行っても、アイルランドへ行っても、イギリス語はもちろん一応通じますが、公共の機関などは、まず、それぞれの言葉の表記があり、その下にイギリス語の表記があるのが普通です。

ちなみに、言葉の上で、似たような事情にあるのがベルギーです。ベルギーはフラマン語、フランス語、ドイツ語に言語圏が分かれています。高速道路の表示などは、それぞれの言語圏の言葉が使われますので、自動車で移動するときは、注意が必要です。首都ブリュッセルだけはフラマン語とフランス語が公用語になっていて、公共施設などはすべてバイリンガルです。実は言語についていえば、こうした事情は、非ヨーロッパ地域の方が現実に問題かもしれません。例えば現在の中国、特に内モンゴル自治区などでは、教育の面でまさに今、深刻な問題が起きつつあります。またアジア、アフリカなどの旧植民地諸国では、インドのように英語が何とか共通語になったとしても、宗主国語と現地語との問題は、一筋縄ではいかない種々の問題を引き起こしてきましたし、今でも解消されているわけではありません。

こうしてみると、各地域の方言はあるものの、日本のように、過去の歴史のなかでは例えばアイヌの場合に同様の事情があったことを忘れるわけにはいかないにせよ、とりあえずは「一つ」の言葉で統一的な状況にある国の方が、珍しいのかもしれません。逆に言えば、結論的に先走ってしまうことになりますが、言語は、人間形成にとって、ひいてはコミュニティ、国家の形成にとって、最も枢要な要素であることが判ります。

「書くことの不可能性」

もう一度ショウに戻ります。彼は『ピグマリオン』をイギリス語で書きました。彼は二十歳まではダブリンで生活し、学校生活を送り、ロンドンへ出たのはすでに成人してからでした。ここでの彼のおかれた言語的境遇は、あるいは次のようなカフカ（Franz Kafka, 1883~1924）の述懐と似たようなものではなかったか、と想像します。

カフカはドイツの作家とされますが、実際はオーストリアの、というのも現実には違っていて、当時のオーストリア＝ハンガリー二重帝国の、と正確には言うべきでしょうか、いやそれも現在では正確ではなく、現在のチェコの首都プラハに、生粋《きっすい》のユダヤ人の家庭に生まれました。したがって生活言語はチェコ語であり、ユダヤの伝統に生きる人間としてはイディッシュ語（ドイツ語系のユダヤ人社会のなかで生まれた独特の言語）であり、かつ知的現場ではドイツ語であったわけです。そうした環境に生きる人間の言語的困難を、カフカは、彼の作品の最も佳き理解者で、親友であったマックス・ブロート（Max Brod, 1884~1968）に次のように書き送っています。

「彼ら（カフカやブロートのような言語環境にいる物書きのこと）は、三つの不可能性の中で生きてきた。書かないことの不可能性、ドイツ語で書くことの不可能性、そして、ドイツ語以外の言語で書くことの不可能性、とすれば、もう一つ四番目の不可能性を付け加えてもよい……。すなわち書くことの不可能性……」

（一九二一年六月　ブロート宛書簡）

この過酷な状況のなかで、結局は書くことに徹した人々がいた、ということは、私たちのような単一言語（と一応は言っておきますが）で育った人間には理解し難いところがありましょう。しかし、まさしく人間は、こうした状況のなかでもしたたかに、言語を使ってものを見、ものを理解し、自らの中に世界を受け止め、言語を使ってそれを外に伝えることができる存在であることもまた、厳粛に受け止めなければならないのです。そのことを可能にしてくれる基礎こそ、教養である、と私は信じています。

この章でこれから扱われることは、今述べてきた内容ほど、ディープには見えないでしょう。しかし、事の表層性の裏に、こうした基礎があることを理解していただいた上で、いわば各論に接していただくことにしたいと思います。

聴くに堪えない発音

何とか**がぁ**　どうこうし**てぇ**　どうこうなったか**らぁ**　それ**でぇ**　困ってしまっ**てぇ**

こんな話し方に気付かれませんか。一つの文章が、細切れに分節化されて、その分節の最後のシラブル、上の表現では太字のシラブルだけが、特別に強調されて高音化されるのです。

今の私にとって大切な仕事の一つは、ある団体が主宰する合宿形式のセミナーに参加することです。このセミナーは、対象とする参加者の特性に応じて、何種類もあるのですが、その一つに高校二年生を対象にしたものがあります。彼ら、彼女らが意見を述べる時に、まるで判で捺《お》したように、上のような話し方をするので、堪《たま》りかねて、そういう話し方は聴くもおぞましいと感じる人も多いのだから少し気を付けなさいね、と苦言を呈したことがあります。

しかしTVやラジオを聴いていると、若い人ばかりが、この話癖を身に着けてしまっているとは限らないようです。さすがにアナウンサーにはまだ見当たらないようですが、アナウンサーの相手をする解説者、あるいはインタヴューを受けている人、つまり大の大人たちにも、この話癖はかなり広がっています。きっと学校の先生にも、この話癖の方が増えているのでしょう。高校生を目の敵にしてはいけない時代なのかもしれません。もう、大勢は、この話し方が醜い、聴き辛い、とは感じなくなっているのでしょうか。

もう一つ、聴いていて我慢がならない発音に、こういうのがあります。英語で〈5W1H〉という言い方があります。〈who〉〈which〉〈when〉〈why〉〈where〉、それに〈how〉で、どれも基本は疑問を導く言葉です。日本語では「だれが」「どれが」「いつ」「なぜ」「どこで（へ）」、そして「どのように」というわけです。当然英語のイントネーションでも基本はそうですが、導かれる疑問の意味を強めるために、これらの語が文頭に置かれたときは、最初のシラブル（と言っても、英語ですと、これらの語のシラブルは一つですが）が強調されて発音されます。

日本語でも、話は変わらないはずです。「**だ**れが　やったのですか」「**ど**れが　よいかな」「**い**つ　くればよいですか」「**な**ぜ　そうなるのでしょう」「**ど**こへ　いかれますか」「**ど**うして　そうなるのか」。これらの文章では、太字のシラブルが強調されて発音されるのが自然です。もっとも日本語の話し方の基本は、ストレス（アクセント）を持たないので、太字のシラブルが高音化されて発音されることになります。

ところが、です。このごろ、多くの人が、「だ**れが**」「ど**れが**」「い**つ**」「な**ぜ**」「ど**こへ**」「ど**のように**」と、太字の最初のシラブルは低く発音して、次の太字のシラブルをとても高く発音する話癖が目立つ（「耳立つ」かしら）ようになりました。これも、どこから、どのようにして（?）始まったのか、言語の調査をしている人間ではない私には、全く判りませんが、少なくとも私にはとても聴き辛いものです。

標準語はなぜ必要か

こうした例は、あるいは、どこかの地方の方言的な話し方であったのかもしれません。そして今は方言を大切にしよう、という了解が普及していることも承知しているつもりです。そして、今私たちが標準語としている発音様式も、ある時期の東京山の手の「方言」が基になっていることも、理解してはいます。より大きな観点からすれば、言葉とは常に流動するもので、ある標準に繋ぎとめておくこと自体が、言葉を殺すことにも繋がりかねない、ということも認めているつもりです。

しかし、フランスでは、とすぐ「とつくに」の、しかもヨーロッパの例を持ち出して議論の根拠とするのは、私の好むところではないのですが、この場合は仕方がない、好例なのでフランスのアカデミー・フランセーズを中心とした言語統制を引き合いにすれば、それは決して言葉を殺してきたわけではないはずです。特にフランスでは、英語の侵入には警戒感を尖《とが》らせていて、例えば〈computer〉さえ、長らく正規のフランス語としては認められてこなかったという実績がありますし、例えば、TVで、若い人が破格のフランス語を使うと、周囲の人が「え、そんなフランス語あるの？」などと咎《とが》めるのを何度も目にすることがあります。この場合は、発音というよりは、言葉遣い、単語遣いのケースですが、発音でも、標準語があるから、方言が対比されるわけで、標準語抜きでは、方言という概念がそもそも成り立ちません。標準語を守ろうとすることは、決してゆえなきことではないのです。

ちなみにフランスでは、フランス語を英語の侵略から守ろうとする努力は、大変強いのですが、反対にドイツ語では、このあたりの事情は、フランス語とはかなり違います。前にどこかでも書いたことですが、ある時ドイツ語の新聞を読んでいて〈walken〉という単語にぶつかりました。辞書を引いてみると、ありました、「ウール地の毛羽をとってなめらかにする」「皮をなめす」などと書いてあります。さて、この語の置かれている文脈からすると、どう考えてもこの訳語が当て嵌《は》まるとは思えません。そこで思い当たったのが、英語の〈walk〉に、動詞化の語尾〈-en〉を付けたのではないか。つまりは「ウォーキング」のことなのでした。まあ、発音は「ウォークン」ではなくて「ヴァルケン」かもしれませんが〈編集部で調べて下さったところではおおむねは「ウォークン」と発音されるそうです)。

さらに脱線すれば、今〈walken〉をドイツ語本来の発音習慣で「ヴァルケン」とカナ書きしました。確かに、ドイツ語の標準的発音(これは、よく北西ドイツ放送局のアナウンサーの話し方などと表現されます)では語頭の〈w〉は、下唇を上前歯で嚙んで発音される(英語の〈v〉の音に近い)ので、「ヴァルケン」でよいのでしょうが、同じ高地ドイツ語であるオーストリアなどでは、嚙み方が非常に弱くなります。つまり「ウァルケン」でもよいような発音になるでしょう。「ウィーン」は確かに標準ドイツ語の発音では「ヴィーン」でしょうが、ウィーンの人たちはウィーンと言っているように聞こえます。同じことが語頭に置かれて母音を伴う〈s〉でも起こります。標準ドイツ語では、その〈s〉は濁ることになっていて、例えば「塩」は〈Salz〉ですが、当然「ザルツ」とカナ書きすべきでしょう。しかしオーストリアの町〈Salzburg〉は、当地の人々の発音を聞いていると、ほとんど濁らず、「サルツブルク」に近く聞こえます。正統スペイン語の〈v〉は、〈b〉と同じで、唇を嚙まずに発音されます。時々、有名な作家Miguel de Cervantesを「セルヴァンテス」とわざわざカナ書きされる方がおられます。これはスペイン語本来の発音からすれば、明らかな誤記になります。ただ厄介なことに、イベリア半島を離れて、南米の、例えばアルゼンチンのスペイン語になると、〈v〉は英語などの〈v〉と同じ、口唇を噛んで発音されるようになっているようです。

　脱線に脱線を重ねますが、外国人の名前のカナ書きはよほど注意しないと失敗します。さる有名な文学者で教養人として知られる方が、オーストリアの詩人 Hugo von Hofmannsthal を、ドイツ語では〈s〉は「ス」ではなくて「シュ」だとばかり、「ホフマンシュタール」と表記されて、話題になったことがあります。確かに、ドイツ語で街路を表す〈Strasse〉（英語の〈street〉に同じ）は「シュトラッセ」ですし、ワルツ王 Johann Strauss は「シュトラウス」ですが、上の詩人の姓のなかの〈s〉は、前の〈Hofmann〉に繋がる綴字（所有の〈s〉）なので、〈s〉音でしかないのです。つまり、普通の表記では「ホフマンの谷」（Hofmanns+tal）と考えればよいので、「ホフマン・シュタール」ではなくて「ホフマンス・タール」なのです。

　恥を忍んで、私自身の失敗例の一つ。イギリスの地名で〈Warwick〉というのがあります。翻訳で、調べもせずに、極当たりまえに「ウォウィック」とカナ書きして刊行しました。これが大間違い。その関係の辞書（『固有名詞英語発音辞典』三省堂）は書棚にあったので、極簡単な辞書ですから、調べれば何でもなかったのですが、それを怠ったばかりにとんだ恥さらしになりました。イギリスでは、どうやらこれは「ウォリック」に近い発音のようなのです。慰めは、この辞書でも、「イギリスでは」と注釈がついていて、アメリカでは「ウォウィック」で通用する、と書いてあることでしたが、原文はもちろんイギリスでの話なので、これは言い訳にはなりません。

略語化は意味不明

これも脱線ついでですが、安易な略語化には、嫌悪しかないことは、すでに色々な機会に書いてきました。一時期大変な人気を博したドラマに『冬のソナタ』というのがありました。その頃はまだTVセットを持っていなかったので、私は一度も観たことはないのですが、それを、世間では『冬ソナ』と呼んでいたようです。もとが漢字も一字とすればわずか五文字、そのうちから「の」と最後の「タ」を省略して三字にしたからと言って、何がどうなったというのでしょう。どうも、ここには、そうした意味のない省略形を使えることが、その業界に一歩踏み込んだという優越感があるからだ、という思い込みがあるとしか思えません。

外来語を短縮するのも、元になる語の構造や、成り立ちを全く無視していることが多いので、私は使いたくありません。「パソコン」などはその代表例です。「パソ」も「コン」も原語では全く意味を成さないからです。仕方がないので、私はPCを使うことにしています。

かつて社会を賑わした「ロス疑惑」なるものがありました。内容を覚えておられる方がどれだけあるか、判りませんが、メディアでは「ロス」という言葉が連日乱れに乱れ飛んでいました。しかし、ロス・アンジェレスの省略形として「ロス」というのは、あまりにも言語上の問題を無視した、乱暴極まるものではないでしょうか。もともと〈Los Angeles〉はスペイン語で、〈los〉は単なる冠詞に過ぎないでしょう。「ロス」だけでは何の意味にもなりません。これもどうしても省略しなければならないときは、LAと書くことにしています。

セミナーで、これは大人のセミナーでしばしばお目に（いやお耳に）かかる表現ですが、私にとっては、全く神経を逆撫でされるような使い方で、気になって仕方がないものが幾つかあります。どうやら、サラリーマンの間では極普通になっているらしいのですが。

「腹落ちする」という表現が、そのうちの一つです。「腹に落ちました」とか「腹落ちがしました」などとおっしゃる。最初私は全く何のことか判りませんでした。使われる文脈で、推測してみれば「腑《ふ》に落ちる」の替わりに使われるようです。どうして「腑に落ちる」という立派な慣用句があるのに、わざわざ「腹」というような、粗っぽい言葉に変えて使うのでしょうか。私には全く理解の外です。「かぶる」という語が「重なる」の替わりとなるのも同様です。

何だか文句ばかりを並べたような気がします。これも単なる歳寄りの繰り言かもしれないので、ここはこれで鉾《ほこ》をおさめましょうか。

平板化する標準語の発音

標準語での発音の平板化が顕著である、という説があるそうです。「あかとんぼ」や「でんしゃ」では、かつては冒頭のシラブルにアクセントが置かれていたのが、今は、どこにもアクセントが置かれない、平たい発音がむしろ普通になった、という論点です。そう言われてみると、とても不快な発音群があることに気が付きます。

「**ライン**」「**リスナー**」などの英語由来の片仮名語ですが、今は英語の〈line〉や〈listener〉と同じように発音する（第一シラブルにアクセントを置く）場合と、第二シラブルにむしろアクセントがあって、全体に平板に発音する場合とが、二分されていて、意味も違ってきているのが現状のようです。アナウンサーでさえ、「ライン」と平板に発音して、SNSにおける特殊なサーヴィスを表現しているようです。

つまり、SNSサーヴィスの一つは、平たく発音された「ライン」であり、「その〈ライン〉で考えると」などというときは「ラ」にアクセントを置く、という使い分けができ上がっているようです。まるで発音の商標登録のような形になってしまって（当事者にそのような意図はなかったでしょうが）は、どうこうしようもありませんが、なぜ英語本来の発音とは異なる不思議な発音が生まれたのか、それは未だに不可解、というよりは不快です。私は、個人的には、ライン・サーヴィスには全く縁がないので、まあ、厭《いと》わしい平板な「ライン」という言葉を発する機会もなくて済んでいることを嬉しく思っています。

でもラジオで、タレントとか、DJといったような人が「リスナー」と平板に発音するのを聞くと、私の耳は即座に「塞いでくれ」と叫びます。ほんとうに聞き苦しい。そう発音すべき何の理由もありません。なぜ英語本来の発音をしないでおこうとするのでしょうか。

「**ドラマ**」「**ギター**」などにも、似たような現象が見られます。もっともこれらは、外来語本来の発音が第二シラブルにあります。しかし、明らかに原音の佇《たたず》まいを残した発音ではなく、どこか独特の臭みのある「**ドラマ**」であり、「**ギター**」です。もっとも、正確に言えば、「ドラマ」の場合は、原語は二つのシラブルで成り立っていて、日本語のように、「ド・ラ・マ」と三つのシラブルに分かれてはいませんので、〈dra + ma〉という発音になり、第一シラブルにアクセントが置かれます。

脱線しますが、このようにヨーロッパ語系の言語（はかりでは、実はありませんが）でしばしば起こる、複数の子音が積み重なって、それに母音が送られて初めてシラブルが生まれるような音韻形は、日本語には基本的にないといえます。ですから、原音通りの発音をすることが、日本語で育った日本人には、原理的に難しいと言えます。例えばドイツでは、ポピュラーな姓の一つである〈Schmidt〉あるいは〈Schmitt〉ですが、日本語でカナ書きすると「シュ・ミッ・ト」と三シラブルになりますが、本来の発音は一シラブルに過ぎません。一息で言い切らなければならないわけです。英語の同じ姓〈Smith〉も原音は一シラブル、それが日本語では「ス・ミ・ス」と三シラブルになります。

日本語では、五十音表が示すように、「ア・イ・ウ・エ・オ」の五つの母音に、〈k・s・t・n・h・m・y・r・w〉を前置することで音韻体系が成り立っています。

もちろんそれは建前で、西日本ではこの音韻体系が厳密に守られるのに反して、特に江戸・東京の方言では、後置された母音が省略される傾向が見られるのは注目すべきことかもしれません。例えば「いただきます」など「す」で終わる文尾では、関西では〈su〉とはっきり母音を強調するのに反して、東京では〈〜まs〉という発音になりがちです。「百」の発音も、関西では「ひゃく」となりますが、東京では〈ひゃk〉に近くなります。例えば日本人の英語の発音では、西の言語系の人ほど、子音だけの（シラブルにならない）発音が苦手のようです。子音が伴っている母音を自覚的にはっきり発音する傾向が強いからです。

この問題でいつも面白いと思うのは、英語のポピュラーな単語〈beautiful〉の発音です。東京で育った人は「ビューティフル」と発音した際、「ティ」の部分がほとんどシラブルにならない形で発音しがちです。他方、西の方で育った方は、「ティ」をはっきりシラブル化して発音する傾向が強い。実は、この語の発音は、明らかに西の方の発音傾向が利することになります。なぜならこの語は、明確に三シラブルでできていて、

〈ti〉は立派に一つのシラブルだからです。

さらに言えば、古い日本語では五十音よりはるかに豊富な音韻があり、例えば子音でも〈f〉と〈h〉の区別があったり、〈k〉と〈kw〉とが区別されたりしていました。今でもこうした区別が残っている地域が、西日本、特に九州や四国には見られます。最近は少なくなったかもしれませんが、実際私の前半生には「火事」を「くゎじ」、「化学」を「くゎがく」と発音される方に出会うことがよくありました。母音にも色々な異型がありましたし、今でも地域によっては、その異型が維持されているところもあります。

もう一つ、時々噴き出したくなることがあります。「それは、私《わたくし》的に言えば」などという表現です。お聞きになったことはありませんか。「自分の立場からいえば」「私に言わせれば」といったような意味の発言だと推測はしますが、「～的」という言葉の濫用がここまで来ると、ほとんど呆然とします。まあ「的」の濫用は今に始まったことではなく、すでに大正時代にも問題になったことがあるはずですし、自分自身でも論文などを書くときに、自分を戒めることもないではないのですが、あまりと言えばあまりです。

「やばい」とラ抜き

ところで、最近気にかかることをこれまでに幾つか書きましたが、ここでも少し書いてみましょう。何かに感動したり、心を動かされたときに出てくる言葉、「高い！」「凄い！」「うまい！」などの言葉を中途半端に止める、つまり「高っ」「凄っ」「うまっ」という表現が大流行《おおはや》りなのはなぜでしょうか。その方が気持ちの高揚が伝わる、ということなのでしょうか。私には、どうも流行、それもＴＶに出てくる一部のタレント（？）さんたちの口真似をしているだけのように聞こえてしまうのですが。

もう一つ、そうした間投詞として圧倒的な使用頻度を誇るのが、前述の「凄い」と「やばい」です。この「やばい」は、主として犯罪者や反社会的勢力の間で使われてきた言葉で、真っ当な人間が使うべき言葉ではない、まことに「やばい」言葉とされてきたものです。それが、女子高生までが平気で使う、しかも、肯定的な判断のときにさえ使うのは、本当に聴き辛いものです。

こうした状況を見ていると、どうも言葉を使う、ということが、言語中枢へ送り込まれた感覚刺激を中枢で読み取った上で、それへの判断の結果としての反応を改めて言語化して言葉が発せられるのではなく、刺激をそのまま言語化しているような、短絡的な状況が言語活動のかなりな部分を占めているのではないか、と疑いたくなります。そういう感覚刺激と直結した言語活動があることは否定しませんが、わずかでも、自分のなかで言葉を探す、この事態に適切に表現できる言葉は何か、という反省的な営みが全く欠如しているのを見ることは、人間としてはとても悲しいことです。

今の自分の感覚をどう言葉で表現するか、そうした反省なしに、皆が使っている常套句を反射的に使うことで仲間入りをする、だからこそ、美味しいものを口に含んでも、気持ちの良い音楽を聴いても、あるいは財布を忘れてレジに立ったときも、口から発せられる言葉は一様に「やばっ」になってしまう。そんな風に考えたくなります。

ある方が書いておられましたが、「気の置けない仲間と」談笑されたのか、酒を飲まれたのか、その辺は判りませんが、そう文章で書いたところ、一読者から「その表現は誤用です」というクレームが来たというのです。「やばい」が「やばくない」場面にも今は平気で使われる、と先に書きましたが、表現の意味が完全に逆転してしまうことが、ここでは起こっています。そのクレーマーは、「気の置けない」を「気の許せない」の同類語である、とでも勝手に決め込んで投書されたのでしょう。いくら言葉は流動的だ、とは言っても、これでは辞書があることさえ意味を失いそうです。これもむしろ、「気の置けない」と「気の許せない」を感覚的に同類と捉えてしまった、反射型の反応に由来する現象の一つかもしれません。

念のためですが、「置く」には、心隔て、遠慮、かすかな警戒・不信、気兼ね、気後れ、などをするという意味があります。すでに『源氏物語』にも「心置く」というような表現として使われています。「心置く」、とても奥床《おくゆか》しい言葉遣いではありませんか。そもそも、「心置きなく」などは、今でも常套的に使われる表現ではないでしょうか。それが「置けない」と否定されているのですから、そうした遠慮など無用な、という意味になります。そもそも、そうしたクレーマーは、投書される前に、辞書を覗いて確かめるというわずかな努力さえ惜しんだのでしょうね。

ラ抜きに関しては、もはや、後戻りできないところまで来ているようです。NHKだけは、TVで発言者がラ抜きで話しているときでも、画面の下に出る文字情報では、律儀にラを入れた表現に直しているようですが。しかし、いくらそちらへ趨勢が流れても、例えば「出れる」という言葉の汚さ、書くだけで怖気《おじけ》を振るうような感じで、自分ではそれこそ絶対に使いませんが、自分のなかでもやや曖昧な事例が出てきてしまって、書く時に一瞬躊躇う場面があることは、情けないことですが告白しておきます。

何だかこれを書いていると、自分が「言葉警察」になったかのように思えてきます。でも誰かが言わないと、いや、言ったところで、馬の耳に念仏かもしれませんが、多少とも言葉に気を遣う風潮を世の中に醸成できれば、という老婆心（あ、これも老爺心という言葉の方が適切でしょうが、生憎《あいにく》こればかりは辞書にもないので）の発露に過ぎないのでしょう。

NHKアナウンサーの美しい日本語

「言葉警察」の如き文章を連ねてきました。他方で、朗読、読み聞かせ、などという業も、結構賑わいを見せているようで、アナウンサーとして一段落したような方も、その分野で数多く活躍しているようです。美しい日本語についても、語らなければ、という思いに駆られます。

そういう意味で、心地よい日本語を聞かせてくれる人々には、アナウンサー出身の方が多いのは、自然・当然なことかもしれません。昔NHKのスポーツ番組で、圧倒的な力量を誇ったのは、志村正順さんで、野球、相撲の実況放送では、彼に比肩し得るアナウンサーは、未だに出現していない、と確信を以て言えます。活舌の見事さ、常に新鮮な語彙を開発することへの執心などは、アナウンサーとして、当然の訓練の賜物でしょうが、眼前に展開する情景を、即座に最も適切な言葉に移して発する、その反応の速さと的確さにおいて、本当に彼を凌ぐ人を私は知りません。

たしかＮＨＫで志村さんと同期位の方に、高橋博さんというアナウンサーがおられました。この方の日本語も見事でした。特に、決して不快な声ではありませんでしたが、志村さんがやや甲高い（それが、相撲や野球の高揚した状況には相応しいのでもありました）声質だったのに比して、高橋さんの声はまことに静穏で、舞台中継など、脇のアナウンサーの説明の言葉が時に煩わしくなるのを充分認識した上で、余計なことは一切言わず、低い鎮《しず》めた声で、情景を伝えるのに長《た》けた方でした。その声質が選ばれて、当時の皇室関係の出来事の中継放送などにも、よく登場しておられた方でした。このお二人の日本語は、声として聴くことのできる理想的な言葉であり、子供から成人になりかける頃の私の心に焼き付いています。

その後美しい日本語を話す方で印象を残したのは、どちらかと言えば、女性アナウンサーになります。今のように「女子アナ」なるものが、とりわけＴＶ時代に入って、ほとんどタレントと同義になってしまった状況の中では、あまり、好ましい事例に出会うことが少なくなりました。ＮＨＫを定年退職後も、朗読などの仕事を重ねておられる山根基世さん、あるいは広瀬久美子さん、加賀美幸子さんなどが頭に浮かびます。こうした方々は、鼻濁音の美しさ、アクセントの明晰さ、など、これもアナウンサーとしては、当然身に着けておかねばならない特性でしょうが、やはり、美しいものは美しい。現役では森田美由紀さんでしょうか。男性では、やはりＮＨＫラジオで、日本語の指導のプログラムを持っておられた、「ことばおじさん」こと梅津正樹さんの話ぶりは、さすがに神経が行き届いた見事なものだったと思います。

残念なのは、現在はＮＨＫでさえ、お笑い芸人と称される人々が何にでも出ばっている、という、まことに奇妙な時代になっていて、そうした人々の言葉遣いは、一般に乱暴というべきか、とにかく、とても模範になるものからほど遠く、日本語を醜くするのに一役買っているような有様です。

文楽、圓生、藤山一郎

美しい話し言葉という観点で、アナウンサーばかりを挙げましたが、例えば江戸風の落語の世界をとってみましょうか。

文楽さん（八代目）の江戸弁は、多少下町風ではありましたが、歯切れの良さ、発音の確かさ、声音のすっきりしたところ、などは他の追随を許さないものでした。師匠は、生まれはたしか五所川原ですが、基本は東京育ちです。若い頃「遊び」に耽溺したせいか、例えば幇間《ほうかん》のような、花柳界の言葉遣いなどにも長じていて、かつての江戸－東京言葉の真髄が伝えられていたように思います。一席三〇分以上を演じるのに、一度も淀みなくきちんと続けられるのも、文楽師の目覚ましい特徴でした。それだけに、最後になった「大仏餅」の高座で、一瞬言葉が出なくなったのは、師にとっては、辛い経験であったと、推しはかられます。高座を退かれる原因にもなりました。

もう一方の雄、圓生さん（六代目）の方は、本来上方育ちですから、むしろ上方の言葉が使える噺、例えば『三井の大黒』とか、『雁風呂』のようなものがぴったりかもしれません。前者は、播磨生まれ飛驒高山の名工、左甚五郎が主人公で、西国から江戸にやってきた大工という触れ込みで、江戸の棟梁のところへ居候する話ですし、後者は、水戸黄門が主人公ではありますが、話の本当の主役は、大坂の名家、淀屋辰五郎ということになっているからです。こういう噺で、関西の言葉遣いという点では、圓生師は抜群の正確さと、的確さとを発揮するのでした。しかも、その師匠が、江戸－東京弁が主体の、江戸落語での第一人者になった裏には、随分厳しい勉強があったに違いありませんし、私たちは安心して、師匠の江戸－東京の言葉の妙に、酔うことができたのです。ただ、圓生師には、文楽さんと違って、時々ですが、一瞬言葉が淀んだり、詰まったりする癖がおありでした。別段それが師の芸に響くわけではありませんでしたが。

歌の世界では、歌手の藤山一郎さんの日本語は、本当に惚れ惚れするようなものでしたし、今の歌手が、日本語だか外国語だか判らないような発音をわざとしたり、鼻濁音にすべきところを、ぶつけるような、汚らしい濁音で平気で歌ったりしているのを聴くにつけ、藤山さんの爪の垢でも、という思いに駆られたりします。歌手ばかりではありませんが、実際鼻濁音を、適切な場所で、美しく響かせることのできる人が、本当に少なくなりました。鼻濁音を使わない方が、明晰で、正確である、というような誤った考え方が広がったせいでしょうか。

ただ、確かに日本語には〈l〉と〈r〉の区別はありませんし、日本語の「ラ行」は、正確には〈l〉でも〈r〉でもない音だと思います。ただ、例えば英語に見られるこの二つの子音が日本語にないことから、その二つを発音したり、聴き分けたりすることが日本人にはできない、などということは決してありません。この二つの子音の区別は意外に簡単です。もちろんフランス語にはフランス語で、またドイツ語ではドイツ語で、それぞれ〈l〉と〈r〉に、独特の発音の仕方がありますし、イタリア語やスペイン語でも同様です。ここでは英語に限ってみましょう（もっとも米語と英語では、特に〈r〉に関しては、かなり違うとも言えますが）。〈l〉に関しては、舌の先を緊張させて上前歯の裏側に触れ、それを滑るように押し離すときに出る音がそれです。他方〈r〉は、舌の中ほどから奥のあたりを緊張させて、舌先は上顎の表面あたりに触れたときに出る音になります。これだけのことに注意すれば、二つの子音の区別は何ほどのこともなく可能になります。そして、その発音ができれば、耳はその区別を明瞭に聞き分けるようになるでしょう。なお、米語の〈r〉は、英語の場合より、口唇を「ウ」の形に緊張させて、〈wr〉という心算《つもり》になって発音すると、それらしくなります。フランス語やドイツ語では、〈r〉はさらに喉深いところ、軟口蓋や口蓋垂を振動させる音を要求される場合があります。

外国での失敗談

発音で思い出す、屈辱の経験談があります。初めてアメリカの地を踏んだのは、ハワイでした。浪人生の頃から、経済上の理由で、アメリカの家族と、家を朋《とも》にする（二世帯住宅のような形で）期間が続きました。家族には色々な年齢の子供がいました。日常のコミュニケーションで、子供を相手にできるのは、とても良い環境で、米語の日常には、かなり慣れたつもりでした。初めてのアメリカも、入国、タクシー、ホテル、会議、食事など、特段の支障もなく、自信もつき、三日目位でしたか、多少高《たか》を括《くく》って街へ出ました。アイスクリームが食べたくなって、何が欲しいの、と訊かれて、「ヴァニラ」と答えました。何と、これが全く通じないのです。衝撃が走りました。色々とアクセントを変えたり、工夫はしてみるのですが……。最後に向こうが察してくれて、〈Oh, Vanilla!〉と言った相手の発音。最大の問題は、第二シラブル目の〈ni〉でした。我々にとって「イ」に近い音のはずだという先入観は、ここで全く崩されました。むしろ「ア」と「エ」の間位の母音です。

ここで、はたと気付きました。自宅で「火鉢」を何というか、尋ねられたときに「ヒバチ」と教え、ローマ字で綴ると、私の耳にはどうしても「ハバチ」としか聞こえない反応が返ってきたことを。もう一つ付け加えれば、最初の「ヒ」にアクセントを置くことが彼らにはできないのです。私は「**ヒ**バチ」というのですが、復唱して返ってくるのは「ハ**バ**チ」なのです。諦めて、以後、私は英語（米語）を使っているときは〈habachi〉と発音することにしました。英語における〈i〉、とりわけアクセントのないシラブルにおける〈i〉という母音の複雑さ、私は知っているはずだったのに、「ヴァニラ」では、その経験を全く生かせなかったお粗末でした。

ついでにもう一つのお粗末。これは子供相手の日常から学んだ結果の失敗談。ある国際会議で、個人的に知り合った相手との会話の中で、何か多少の驚きを示さなければならない事態になりました（随分大袈裟な表現ですが）。子供たち相手にいつもお互いに使っていた間投詞〈Je!〉が、口から滑り出ました。相手は、少し困った顔をして、次のような意味の注意を、英国人でしたから、とても丁寧・婉曲にしてくれました。要するに、こういうことでした。

「曲りなりにも、君はインテリでキリスト教徒の端くれだろう〈Je!〉は〈Jesus〉の短縮形だろうが、君の立場で発するに相応《ふさわ》しい言葉ではないよ」

それはともかく、こうして日本人にとっては、異質と思われる子音や母音にも、心を配らなければ、外国語の修得はできないわけですが、とりあえず、まずは日本語を美しく話すことこそが、大切になりましょう。もともと、NHKのアナウンサーは、特にその模範を提供するという自負と責任感とを兼ね備えて放送に臨んでいたはずです。今が駄目というのではありませんが、少なくとも、誤用やあからさまな発音の誤りに、介入しようとするような気概には欠けている、あるいは「心置く」様が感じられます。同僚が誤読をした際には、何らかの形で注意し、読み直させたりはしているようですが。

最後に、もう一つ、苦言を呈します。日本語の素晴らしさの一つは、数詞の多様さです。ものを数える時、「もの」によって、それぞれ数え方がある。ウサギを一羽、二羽と数えるのは有名ですが、それこそ様々な仕来《しきた》りに基づく数詞があります。ところが、最近それを全部「個」（あるいは「箇」）で済ませてしまうような習慣ができつつあるようです。あるCMで、連立って歩いている男女二人の歳の差を訊かれた女性に、「さあ、五個くらいじゃない」と言わせているのに出会って、仰天というか、呆然というか、言葉もありませんでした。「歳《さい》」というのは、ウサギのような難しさは何もない、要するに年齢を数えるのに「歳」を使うことは、子供でも知っている、それがなぜ「個」になるのですか。

皆さん、何とかしませんか、この見苦しい（聞き苦しい）日本語の流行を。

日本語を書く困難

外国人が日本語を学ぼうとしてぶつかる困難の一つは、書字体系が、漢字・平仮名・片仮名の三種類からなっていることだと言います。無論外国語でも、複数の書字体系があるのは、別段珍しいことではありません。例を英語にとれば、大文字と小文字があり、さらに活字体と筆記体の区別もあります。ギリシャ語にもラテン語にも、大文字と小文字がありますし。もっとも古代当初には、大文字だけで、小文字は後から生まれました。

大体、紀元一世紀頃にラテン語の書体として生まれた大文字の書字系（capitalis monumentalis）が、現在のローマ字の原型なのだそうです。その後、聖書を筆写する場合に書く文字として、新しい字体が考案されたり、大文字をすべて同じ高さにせず、一部の画が標準の高さから上に、あるいは下に少しはみ出る書体が生まれたりしたようです。それが小文字が生まれる出発点だったと言います。その上、ヨーロッパ語では、ローマ字を継承した地域ばかりではなく、キリル文字系（キリル文字の方が、むしろギリシャ文字に近いのですが）の地域も含めて、ギリシャ語由来の言葉が多く、私たちが言葉の由来をほとんど常に漢語に訪ねるように、ギリシャ語に遡らなければならないことがしばしばでもあります。

ところで、日本語の漢字と仮名との関係ですが、考えてみると、ヨーロッパの言葉における大文字と小文字との関係に多少似ています。小文字は、大文字を少し変形したものです。一方、平仮名は、漢字を少し変形したものです。この点を弁《わきま》えて平仮名を書く（例えば習字の際）とそれらしくなることを、私は小学校に入る前に母から学びました。母は筆、ペン、鉛筆、どの道具をとっても、字の大変上手な人でした。ちなみに、その方法をとると、仮名を覚えるのと並行して、同じ数の漢字も学んでしまうという利点もあります。

漢字を覚えるのは大変だ、というのもわかります。常用漢字だけでも二〇〇〇を超える上に、音読みと訓読みとがあります。もっとも、例えば英語でも、綴り字を覚える必要があるという点では、違いはありません。漢字は、偏《へん》、旁《つくり》、冠《かんむり》、脚《あし》（もしくは、沓《くつ》）、繞《にょう》、構《かまえ》などの構成要素に、それなりに意味があり、そこから字の読みや意味が推測できる事例が多いのですが、英語の場合でも、綴りの「部品」（接頭語、接尾辞などなど）には、（古典語などに由来することが多いのですが）それぞれ意味があって、それが単語全体の意味にも響きますから、覚えるときの苦労や工夫は、さして違うとは思えません。

平仮名と漢字の関係に戻ると、書く場合に大切なことがあります。平仮名にも、幾つかの文字に共通するかのように見える「部品」があります。例えば「に」の第二画、第三画と、「た」の第三画・第四画、あるいは「こ」それ自体がそうです。何も考えなければ、この三つの字のこの部分は、全く同じように書けば済むということになります。しかし、この三つの字の成り立ちに遡ったとき、この字画は三つの字で全く違います。「こ」は漢字「己」の変形ですし、「に」の基になる漢字は「仁」であり、「た」のそれは「太」です。漢字としての「己」、あるいは「仁」の第三画、第四画と、「太」の第三画、第四画とは、比べてみれば差は歴然としています。平仮名になったときにも、その差は消えているわけではありません。活字はともかく、鉛筆にせよ、筆やペンにせよ、手で書いたときには、あるべき場所、それぞれの画の大きさ、位置構成、すべてが基になった漢字の面影を残したものになるべきなのです。

もっとも、ここに例として挙げたものは、仮名が漢字の原型を鮮明に伝えてくれるものです。こうした実例を挙げれば、「す」と「寸」、「か」と「加」、「の」と「乃」、「わ」と「和」、「は」と「波」、「な」と「奈」など、多数に上ります。無論、音からもすぐに判ります。しかし、「を」の基になる漢字は何でしょうか。すぐには想像がつき難いものの一つでしょう。実は「遠」がそれです。「遠」は、普通は「えん」(より正確には「ゑん」ですが)と読みますが、呉音(古い音読みの一種)では「をん」です。遠賀川を「をんががわ」、「久遠」を「くをん」と読むのを思い出しましょう。

簡略化が激しく、漢字との距離が遠くなったものでは「ね」と「禰」、「き」と「幾」、「る」と「留」、「へ」と「部」などがあります。最後の「へ」は「部」の旁である「邑」が変わったものです。なお「おおざと」と「こざとへん」とは形はよく似ていますが、「こざと」の方は、「阜」からの変形で、全く元になる字が違いますので、筆などで書く際は、その点を意識して書く必要があります。ちなみに、片仮名は、平仮名をさらに簡略化、変形させたものが多いのですが、全く異なる漢字を基にしたものもあります。先に挙げた「ヲ」がそうです。この字は「遠」とは関係がなく、「乎」の変形とされています。

ところで、こうした平仮名は、明治三十三年の小学校令の一部で定められたものに過ぎません。平仮名とは漢字から変形して造られるもの、というルールに立てば、ここで定められたもの以外にも、歴史的に見れば、数多く造られた平仮名が使われて来ました。

現在私たちは、それらを「変体仮名」とよぶ習慣ができていますが、かつては別段「変体」などとは考えず、用途や気分によって、いくらでも使い分けてきたと思います。

例えば「す」の音を表現する漢字ですが、「壽」でも「須」でも良いでしょう。実際、過去の手書きの文書では「す」のかわりに、「壽」や「須」を崩した「平仮名」が使われている実例が多数存在します。私もペン書きの書簡などで、文章の終わりに「ス」が来る場合、「す」よりも落ち着く「須」の仮名を使うことがあります。「か」には「可」の変形である仮名、「た」には「多」から生まれた仮名などが好んで使われてきました。

明治期、大正期、昭和期に書かれた私信や書簡などでは、こうした例を多数探し当てることができます。男性と女性で、自ずから使われる仮名に偏《かたよ》りもあったように思われます。明治生まれの母は、私信ではしばしば変体仮名を用いていました。そういえば、今でも「寿司屋」や「蕎麦屋」の看板には、この漢字を仮名化した変体仮名が使われていることがありますね。「そば」が変体で書かれていると読み難いものですが、「そ」に当る元漢字は「楚」、「ば」に当るそれは「者」の変形だと思います。

「習字」、手書きの風情

こうして、漢字と仮名との関りが多少とも判ってくると、習字でも、平仮名を書く時の運筆、筆勢、字の大小などに、自ずから「正当さ」という感覚を自得することができます。字は、単なる記号ではなく、歴史を背負って存在している文化遺産の一つです。そんなことを言う私自身、巻紙を左手に、右手の筆でさらさらと書簡を書く、などという芸とは、全く無縁の存在になってしまって、慚愧《ざんき》の念に堪えないのですが。昔の人が書いた書簡などで、墨をつけた直後のたっぷりした筆の運びが、少しずつ墨が減っていって、カスレが生じる、また墨をつける、といった繰り返しが見て取れることにも、風情を感じることはできます。

もっとも、習字で大切にされるのは、一つひとつの文字を正しく美しく書くこともさることながら、字配りと呼ばれる場面にあります。もちろん、字配りという概念は、一つの文字の偏や旁、冠や脚の構成要素間の秩序にも使える言葉でしょうが、例えば和歌を一首扇子に書くとして、どこから始めて、どの字を大きく、どの字とどの字とは連ねるように、などなど、文字たちの配列に様々な工夫を凝らすことも、字配りの一種です。

ヨーロッパ語にも「習字」に相当する営みはあります。英語式に書けば〈calligraphy〉

とするのが普通です。〈cali〉はギリシャ語の〈kheir〉に由来するもののようで、その意味は「手」です。〈chirurgia〉と言えば「外科学」のラテン語で、つい先ごろまで、ヨーロッパでは外科にはこの語が使われていました。直訳すれば「手技」ということになりましょうか。今では「外科」は〈surgery〉の方が一般的になりました。ペルシャ文字その他、様々な言語で、同じような技が開発されてきました。

さて、手書きの文章を如何に美しく書き上げるか、という点に関心を絞った手技がカリグラフィなのですが、ローマ字系でも、昔は、別段カリグラフィという意味ではなく、一般に鵞《が》ペンなど、鳥の羽の軸部分を斜めに切って使うのが普通でしたので、それなりの書き味が生まれたのでしょう。今では、独特のペン先が開発されています。それ専用のペンケースが、日本でも簡単に手に入ります。幾つか異なったペン先と、色の違ったインクがセットになったものです。単に字を正確に書くだけでなく、例えばヨーロッパの古い書物などによく見られますが、章の最初の文字は、一字を二行分ほど大きくして、そこに多色の模様や装飾を施す、というような習慣も含めた技のようです。

ポイントの一つは、画の太さの違いを鮮明にするところにあります。毛筆だと、それが十分なグラデーションを伴って実現できるのですが、洋ペンだと、むしろディジタル的になります。上から引き下ろす画は太く、上へ向かってはねる画や丸味のある画は、太い線と細い線のある程度のグラデーション、そして横の画は細い線で、といった具合です。私は、楽譜用と称する日本製の万年筆で、手書きの欧文にはわずかながらでも、その種の雅味を加えようと努力していますが。

そういえば楽譜の記号も、書くときには同じような工夫が必要です。最もポピュラーな音部記号ですが、今はG記号、F記号、それにC記号の三種類がもっぱら使われます。G記号は、普通高音部記号とも呼ばれ、例のカタツムリを縦に伸ばしたような形をしているものです。五線譜の下から二番目の線上から出発して、時計回りに一回ぐるっと巻き上がって、上でループを造って、そのまま直降する記号です。下から二番目の線、つまり出発点を〈G〉音とする、というので、G記号（G-clef＝英語）とよびます。昔は、色々な形があったようですが、書き出しの出発点がGを指す、という点は変わりませんでした。

F記号（F-clef）は、日本では低音部記号とも呼ばれます。書くときの出発点は、五線譜の上から二番目の線にあります。それを〈F〉音としなさい、という意味です。C記号（C-clef）というのは、大きなBの字のような記号です。その右側の二つの弓型の弧の結んだ部分を〈C〉音と定めます、という意味の記号で、この記号は、臨機応変、どの場所にも置けることになっています。ちなみに、チェロの楽譜は、この三種類の記号をすべて使います。

なぜこんなことを書くかというと、こうした記号にも、太さと細さのグラデーションが重要で、ちょうどカリグラフィで文字を書くのと同じ工夫が必要になるからです。その他、単独の四分音符や八分音符に付く「ひげ」、シャープやフラットの記号、あるいは四分休符、複数の音符を繋ぐバー（横線）などを書くにも、カリグラフィ的な技が求められます。楽譜用のペンがカリグラフィにも応用できる所以であります。

漢字仮名交じり文という財産

話が、日本語を書く、という本来の話題からすっかり離れました。今、小学校などでは、ある程度きちんと習字を学ぶ時間があるはずですが、TVのドラマなどで、役者さんが筆を持つと、鉛筆のような持ち方で、筆を使う場面に良く出くわします。「おい、おい」と言いたくなりますが、そんな苦言を呈する私だって、実際に毛筆を手に取る機会は、今は絶無と言って良いのですから、他人のことは言えません。

ただ、漢字仮名交じり文という日本語の書字体系の独特さを大切にしたい、という思いだけは強くあります。隣国の朝鮮半島では、言語自体が漢字を基にしたものであることに変わりはないのに、書字体系としての漢字は全廃されています。もちろんハングルにはハングルの合理性があって、その構成原理は、日本の平仮名、片仮名よりは、はるかにきちんとしたルールに基づいていますし、他国のことに嘴《くちばし》を容れるのは失礼ですが、韓国では漢字を復活させようとする動きも、社会には常に潜在すると聞いています。

宮沢賢治のオノマトペ

子供の頃、最も親しんだ書物といえば、漱石全集を別にすれば、宮沢賢治の作品でした。単行本としては、羽田書店版、横井弘三装幀・挿繪の『風の又三郎』と『グスコーブドリの伝記』、ともに表題作だけではなく、多くの短編が編集されていました。前者には「貝の火」「ありときのこ」「セロ弾きのゴーシュ」「やまなし」「オツベルと象」が、後者には「雨ニモマケズ」のほか、「北守将軍と三人兄弟の医者」「祭の晩」「ざしき童子のはなし」「よだかの星」「注文の多い料理店」「烏の北斗七星」「雁の童子」が含まれていました。他には、松田甚次郎編『宮澤賢治名作選』も書庫の中にありました。

ところで、賢治の作品を読んで誰もが気付く一つの特徴は、独特のオノマトペがふんだんに盛り込まれていることです。「北守将軍」では、ソンバーユー将軍が人馬もろともに、三人の医者の許を訪れるときの、「ぎっ　ばっ　ふう」、「月夜のでんしんばしら」では「ドッテテ　ドッテテ　ドッテテ　ド」、「風の又三郎」では「どっどど　どどうど　どどうど　どどう」などなど、枚挙に暇《いとま》がありません。

これを、どのような抑揚をつけて、どのような間を考えながら　声に出して読むか。例えば「風の又三郎」は、実に多くの方々によって音読されています。今はYouTubeでも、出会うことができるようですから、試しに聞き比べてみては如何でしょう。

賢治は、音楽にもことのほか関心が強かった人です。幼い頃からレコードに親しみ、浅草オペラの熱烈なファンであり、チェロを弾き、作詞はもちろんですが、作曲にも手を染めています。有名な『花巻農学校精神歌』の作曲は、友人の川村悟郎という人物に依頼しましたが、二人で夜遅くまで曲の推敲を重ねたという話が残っています。恐らく曲造りにも賢治は相当意見を出したに違いありません。『剣舞の歌』は、実際作詞・作曲の双方を担っています。

そうした背景の中で、作品の中に生まれるオノマトペには、賢治の音楽的な感性が働いていることは、推測に難くありません。『風の又三郎』は、何度も映画化されてきました。幾つかの例では、あのオノマトペは、「歌」としてメロディが付されて処理されました。

しかし、正直なところ、子供の頃に私が活字から読んだオノマトペと、映画における「歌」や、色々な朗読で聴くそれとの間には、どれも微妙なずれがありました。別段、自分の読み、あるいは、それを音に出してみるやり方が、正しいなどとは夢にも思っていません。要するに、眼で活字を読み取って、それを音声化する方法は、千差万別であって、「正しい」それ、などというものはないのです。例えば、仮に賢治が自作を読んだものの録音があったとして、それが「正しい」のか、と言えば、それも「一つ」だ、と答えても構わないのでは、と思うのです。

この点は、音楽における楽譜と演奏との関係に似通っています。楽譜がある。それを、どう実際の音にするか。現代では、先行者がいるのが普通です。レコードにせよ、ラジオやTVにせよ、どこかで聴いた経験が、助けになります。助けになると同時に、制限にもなります。ここは、このように音化すべきなのだな、という縛りが、むしろ自分の理性と感性を働かせて、演奏にまで持ち込む過程を妨げることにもなります。認識行為の場面でよく使われる「ステレオタイプ」という概念が、ここでも機能しているわけです。

詩文を朗詠する

もっとも、文字で書かれたオノマトペをどう発音するか、ということには、楽譜を音にする場合よりは、はるかに大きな自由度が与えられているとは思います。楽譜では音の高低、長短は、楽譜に現れる記号の取り決めによって、ある程度明確に定められていますが、文字の場合は、その二つの限定は存在しないからです。

これも、先に書きましたが、日本語の発音は、現在は五十音という限定のなかにあります。そして、大和言葉は、必ずしもその限定のなかに閉じ込められていたわけではなかったことも、少し触れました。

考えてみると、今は詩や文章の朗読ということが、比較的ポピュラーになっていますが、少し前までは、漢詩を朗々と謳い上げるという習慣はありましたが、大和言葉に関してはどうだったでしょうか。宮中で行われる「歌会始」では、その年（実際は前年ですが）に入選した和歌が、天皇家の方々のお歌とともに、独特の節回しで詠まれますが、あの節回しを「自然な」と受け取る人々は、そう多くはないと思います。

雅楽では、竜笛《りゅうてき》、篳篥《ひちりき》、笙《しょう》などの伴奏入りで、漢詩を数人で歌う、という方法があります。材料は『和漢朗詠集』などから採られています。この歌謡集は、紫式部のパトロンであった藤原道長の娘が入内《じゅだい》する際の引き出物だったそうで、表題通り、漢詩ばかりではなく、和歌も含まれています。

私が中学生から高校生の頃、父親の暗黙の教導があったのかもしれませんが、漢詩ないしは漢詩風の詩文を暗記、朗詠することに淫していました。例の『垓下《がいか》の歌』(別名「抜山蓋世《ばつざんがいせい》」)はお好みでした。書き下しにすると、こんな風になるのを今でも覚えています。

力山を抜き　気は世を蓋ふ
時利あらず　騅の逝かず
騅逝かざるを　奈何せん
虞や虞や　若を奈何せん

念のために書いておくと　この主人公は項羽、「騅《すい》」は彼の愛馬の名前です。「虞」は無論項羽の愛妾。「若」はここでは「なんじ（汝）」と訓じます。さらに念のためですが、項羽というのは楚の名将、秦との闘いでは盟友であった劉邦が、漢の覇者となり、彼との闘いに天運尽き、最後の戦となった「垓下の戦」で、死を覚悟した彼が、虞美人に贈った詩が、この歌ということになっています。もう一つ、漢軍にすっかり囲まれてしまった項羽の軍に、周囲から楚の歌が聞こえてくる、四面とも、楚の人々は漢に降ってしまったのか、という思いに打たれる、というところから「四面楚歌」という言葉が生まれ、また「抜山蓋世」という四字熟語も生まれました。

ただ、中学生の頃、この詩を覚えて吟ずる習慣ができたと書きましたが、いわゆる「詩吟」つまり剣舞などとともに、独特の節回しで高らかに朗吟する方法を学んでいたわけではありません。実際、成人になってからも、詩吟は私の性には全く合いませんでした。

和詩ではありますが、漢詩書き下し風のものとして、当時の私を魅了していたのは、土井晩翠の『星落秋風五丈原』でした。さて、全文憶えているでしょうか。もっともこの詩は（一）から（七）まである長大なもので、覚えたのも、とても全部というわけにはいかず、七節ある第一部だけですが、第一節は大丈夫でしょう。

祁山悲秋の風更けて　陣雲暗し五丈原
零露の文は繁くして　草枯れ馬は肥ゆれども
蜀軍の旗光無く　鼓角の音も今しづか

丞相病篤かりき

日本語ですから訳す必要はないでしょうが、レトリックもあるので、余計とも思える解説を試みます。「祁山」（「きざん」と訓じます）は「岐山」の方が普通でしょうか、五丈原を懐に抱く山地の名前です。季節は秋、「夜更けて」では当たり前、「風更けて」にレトリックの妙があります。「零露」は露が結んでしとどなる様でしょうか、それが草葉の上に印を結んで著《しる》く、その草も枯れがちの秋です。陣馬はたっぷりと食を得ましたが、蜀軍の士気は、今は落ち込んでいる。師たる孔明は今死の床にある。なお「丞相」は、どういうわけか（多分、父の読みに従ったのだと思います）、私は「じょうしょう」

と読んでいましたが、むしろ本来は「しょうじょう」でしょうか。『広辞苑』では「しょうじょう」を見出し語に掲げ、「じょうしょう」は「見よ〈しょうじょう〉」となっています。

もう一つ、大好きな節を引かせて下さい。

四海の波瀾収らで　民は苦み天は泣き
いつかは見なむ太平の　心のどけき春の夢
群雄立ちてことごとく　中原鹿を争ふも
たれか王者の師を学ぶ

丞相病篤かりき

最後の一言は、この第一部のすべての節の最後に、リフレインとして付けられています。後の部でも、時にこのリフレインは現れることがありますが。とにかく、このリフレインが何とも言えないではありませんか。なお、第一部の七節のうち、最初の四節はリフレインを入れて七言、後半の三節はリフレインを入れると八言になっています。解説は不要とも思いますが、これは、『三国志』における蜀軍の名将諸葛孔明の最期を謳った詩です。ご存じのように、魏との闘いのただ中、五丈原において孔明は病没しますが、その際、将を失った蜀軍与し易しと、魏軍の軍師司馬懿《しばい》（＝仲達）は、退却する蜀軍を追討するうち、蜀軍の激しい反撃に遭い、孔明の死の報は、魏軍を欺く諜報であったとの疑心暗鬼の懼《おそ》れから、兵を引いてしまう、というくだりが続きます。いわゆる「死せる孔明、生ける仲達を走らす」の故事です。

七・五の美しいリズム

こうした詩文は、声に出さないまでも、頭のなかで否応なく声に出して読んでいます。その心地よさ、それは音楽にも近い風情の与えるものでしょう。レトリックとしては、類似の言葉を重ねる、対立する語を並べる、類似の音を連ねる、などがあります。漢詩の平仄《ひょうそく》のように、脚韻を完璧に踏む、というような原則は見られませんが、厳密な七・五のリズムの中で、流麗に綴られていく音の流れは、それを追体験する人間に、たしかな悦びを生み出します。

この七・五の音節原則は、どこに源があるのでしょうか。漢詩の定型は、五言、七言が基本です。いわゆる「古詩」も、「排律」も、「律詩」も「絶句」も、すべて、七もしくは五の数の制限のなかで歌われるものであり、対句などのレトリックも、むしろルールの一つでしたから、日本の音律も辿れば、漢詩の大和言葉版へ行きつくとも言えましょう。言うまでもなく、万葉の時代から、和歌は五・七という調べを基に作られていました。

その源の詮索はともかくとして、歌としての七・五の調子は、平安時代に、一世を風靡した「今様」に直接は由来する、というのが定説のようです。「今様」は、文字通り「今風」であり、当時流行した「流行歌」一般を指す言葉です。後白河法皇が熱中し過ぎて、一時期声が出なくなった、という話が伝わっています。その真偽はともかく、後白河法皇の命で『梁塵秘抄』という歌集が編まれたことは、法皇の趣好を端的に表しています。

実は、こうした世界が「音楽」の意味であることは、この「梁塵」という言葉からも推測できます。この漢語は、「魯の虞なる人が歌を歌うと、その声があまりにも朗々として見事だったので、梁の上の塵までが動いた」（「発声清越、歌動梁塵」）という故事に由来しています。魯の虞さんは、さしづめ、希代の声量を誇ったマリオ・デル・モナコに匹敵する名歌手だったのでしょうか。

いずれにしても『梁塵秘抄』は「歌集」と書きましたが、普通歌集というと、和歌を集めたものをいうわけですが、ここでの「歌集」は、シューベルトの『冬の旅』や『白鳥の歌』を「歌集」と呼ぶのと同じ意味で使われていると考えて下さい。類例としては、『冬の旅』よりは、『白鳥の歌』の方が適切でしょうか。『冬の旅』は、全体の構成が作曲者自身の構想による、一つの大きなテーマの下で編まれた歌集ですが、『白鳥の歌』と名付けられたものは、文字通り「白鳥は最後の鳴き声が美しい」という言い伝えに沿って、シューベルトが晩年に書いた歌を、後世の人が特段の主題なしに、単に集めて編集した歌集です。『梁塵秘抄』は、「最後の歌」たちではありませんが、その時代に流行した歌を、グランド・テーマなしに集めたものと考えられます。

こうして、詩文を歌にする、あるいは歌様の朗読をする、というのは、どの文化圏にも培われてきた、一つのエトス（文化的習慣）と言ってよいでしょう。そうしてみると、漢詩あるいは漢詩風の和詩を、暗唱するという習慣も、昔の日本では、かなりしっかりと確立されていたことになります。

かつての私の経験からすれば、そうした漢詩の存在や、それを口ずさむ時の喜びを教えてくれたのは、まさしく父親でありました。しかし、中学のある国語の先生の期末試験は、島崎藤村の『晩春の別離』という詩を一人ずつ暗唱させるものでした。振り返って、有難いことでした。全文ではありませんでしたが、これは今でもすらすらと出て来ます。

時は暮れ行く春よりぞ　また短きはなかるらむ
恨みは友の別れより　　更に長きはなかるらむ

君を送りて花近き　高楼までもきてみれば
緑に迷ふ鶯は　霞空しく鳴きかへり
白き光は佐保姫の　春の車駕を照らすかな

これより君は往く雲と　ともに都を立ち出でて
懐へば琵琶の湖の　岸の光に迷ふとき

東胆吹の山高く　西には比叡比良の峯
日は往き通ふ山々の　深き眺めを伏し仰ぎ
いかに優れし想ひをか　沈める波に湛ふらむ

まだ数節続きますが、あえて記憶のままを文章にしましたので、漢字の使い方などで、藤村の原文とは違っているかもしれません。その辺はご容赦を願います。この詩も七・五の調べによっています。

藤村の『千曲川旅情の歌』も、その前半部分（「小諸なる古城のほとり」）は暗唱できますが、それは、後に声楽を勉強中に、弘田龍太郎の作曲になる歌として記憶したからです。大学生になった頃には、『椰子の実』でもそうですが、藤村特有の叙情性は、美しく、心を打つものであることを重々認めながら、それがどこか鼻について、彼の作品自体をあまり好まなくなりました。しかし、土井晩翠の詩と藤村のこの二つの詩は、自分の一部のようになってしまった感があります。

この文章が、自分の記憶や詩文の暗唱能力をひけらかすような感じを与えたとすれば、それは全く、私の表現力の至らなさであります。書きたかったことは、詩と音楽的な世界とはいつも背中合わせのもので、それはもともと人間の言葉の中に、音楽的要素が常に寄り添っているからだ、という点にあります。

他方、八十代も半ばになって、深い悔恨があるのも確かなことです。例えば、漱石や鷗外を考えてみて下さい。彼らのような天才を我が身に比べるのは、身の程知らずですが、そうではなく、彼らは、もちろん英語やドイツ語に堪能であった一方で、漢詩にも（当然漢文一般にも）、充分な能力を持っていました。それは読解という点に限りません。漢詩の平仄をきちんと弁えて、弁えているだけではなく、それを使って、平然と漢詩を書くことができたのです。それは、彼らの文才とはほとんど関係がなかったはずです。

つまり、彼らの世代の基本的な教養の中に、そうした能力が含まれていたと考えるべきです。そして、我が身と引き比べたときに、自分には、その能力が全く、完全に、欠如していることに暗然とします。父親の世代には、その習慣は辛うじて引き継がれていたはずです。彼の書棚にあった『唐詩選新釋』（文学士 佐久節 著、弘道館、昭和四年）は、今も私の座右にありますが、それは父がどれほど、魂を籠《こ》めて熟読玩味したかを示す徴《しるし》で溢れています。彼の日記はほとんど残っていませんが、それでも時に、自作の漢詩めいたものが綴られています。しかし、彼は、私に色々なことを「強要」しましたが、そのなかに、漢詩の制作に関する教養は含まれていませんでした。その愛読書を、時に私が勝手に持ち出して読むことを、咎め立てはしませんでしたが。どうも、私くらいの世代から、漢詩に関する基礎教養は怪しくなったようです。当然、自分の子供の世代にも、それを伝えてはいません。もともと、自分に能力がないのですから、次の世代に伝えることなど全く不可能だったことになります。

第五章　音楽と教養

音響マニアの夢

教養と音楽というと、眉根を寄せ、粋を極めた音響装置から流れ出るヨーロッパのクラシック音楽、そう、例えばマーラーかブルックナーの交響曲に、ひたすらのめり込み、時には、特別に取り寄せた総譜を開きながら、この演奏は何とか版だが、別に何とか版もあるはず、などと講釈をつぶやいたり、いや、誰とかが何年に指揮したコロンビア版の方がよい演奏だね、などと批評家を気取ったりする、そんな状況を思い浮かべる読者も多いのではないでしょうか。

あるいは、ある程度以上・以下の周波数帯はカットしているＣＤは論外、ＳＰレコードにもなかなか聴けるものはあるから侮れないけれど、何と言ってもレコードはＬＰ、それも一九六〇年代に発表されたもので、ミキサーが我が物顔に自分の技術をひけらかした七〇年代以降はだめで、素直に録音されたＬＰレコードのなかに込められている音響情報は最高で、その実体を十分に再現するには、アンプは高音用と低音用が別立てのトゥーウェイの何とか、スピーカーシステムはこれこれ、プレーヤーのターンテーブルはゴールド製で重さ何キロ、さらにレコードの上に一キロ程度の重石を載せねば、アームは何とかがトレーシング能力が最も優れている、ピックアップは何とかのカートリッジが最高で、針は何とかのダイアモンド、アンプとスピーカー、プレーヤーとアンプを繋ぐケーブルは何とか、こうした要件が満たされなければ、真の音楽鑑賞などできない、などというマニアの方もおられます。実際に、プレーヤーだけで費用が何百万……鑑賞室の仕様まで入れると数千万円をかけた、という方を知っていますが、こうなると、音楽に趣味がある、という点をはるかに通り越しています。亡くなった作家の五味康祐さんは、この種の鑑賞マニアのお一人だったようです。

いいえ、そういう音楽への接し方を、一概に否定するつもりはありませんし、ある作品を鑑賞する際に、徹底してレコードに頼るのも一つの方法には違いありませんし、色々な副次的な知識を、常識的な意味での教養として持つことも、全面的に間違っていると も思いません。

レコードの思い出

たまたま、レコードの話が出ましたので、少し脱線をします。私は、決して上述のような音響マニアではありませんが、明治生まれ、大正時代に旧制高校生だった父親には、無論LPではありませんが、毎月ヴィクターの新譜が出ると、必ず買い求め、それを主軸に月一回自宅で、レコード・コンサートを開く、という金持ちの友人がいて、父はその常連だったこともあり、手回しの蓄音機を手に入れました。彼は、海軍軍医としての遠洋航海の道すがら、香港やマニラ、マルセイユなどで少しずつレコードを買い集め、その「外盤」が、我が家にもささやかなコレクションとして残っていました。そんなわけで、息子の私も、幼少の頃から、レコードをかけて楽しむ時間を持ってはいました。「外盤」という言い方も、最近の読者には聴き慣れないかもしれません。外国のレコード会社の発売するものでも、多くは日本でプレスし、日本の会社が発売元になるのが普通です。「外盤」というのは、言わば輸入盤あるいはそれに類するものです。「盤」の話題をもう一つ。一九五〇年代、ラジオ界を風靡したプログラムに「S盤アワー」（文化放送）、「L盤アワー」（ラジオ東京）、「P盤アワー」（ニッポン放送）というのがありました。〈S〉は日本ビクター、〈L〉は日本コロンビア、そして〈P〉は日本ポリドール、とそれぞれのレコード会社（当時の呼称にしてあります）の新譜を中心に、軽音楽の曲を紹介する番組でした。口火を切った文化放送の番組は、帆足《ほあし》まり子さんのＤＪ（ディスクジョッキーという言葉も、当時は全く耳新しいものでした）で、ことのほか有名でした。帆足さんは、当時は日本ビクターの社員だったそうですが、その後は独立して、ラテン音楽の歌手として名を馳せた方です。

さて、話を戻して、戦前の段階でレコードというのは、今ではＳＰと言われるもので、それに手回しでゼンマイを巻き上げる蓄音機が普及していた時代でした。二つ折りになったアームの先にはサウンドボックスと称するピックアップ装具がついており、針を装着します。金属の針は、テーパー化されていますので、一二インチ盤を一回使えば、取り換えるのが常識でした。戦時中は金属が払底したため、三角柱のような竹針が使われました。一面を終わると、カッターで針先を斜めに切り落とします。三角柱の角が鋭く尖った形で現れますので、切り落としを繰り返せば、同じ針を何回かは使えることになります。まあ永久針と呼ばれることもありました。永久針には金属製のものもありました。普通の針先と同じほど細い直径の金属棒に、これも細い針金でできた微小なコイルが付着しています。金属棒の先が減ると、コイル状の針金を一巻ほぐして破棄します。また鋭い棒先が現れるという寸法です。後年LP用カートリッジに付ける針は、ダイアモンド製のものが多く、それこそ「半永久」的に使えるようになって、針を取り換える煩わしさからも解放されました。サウンドボックスはかなりの重さがありますので、盤面のカッティングされた溝の方も、針圧で擦り減って行きます。眼で見ると、黒いはずの盤のその部分が少しずつ白くなるのが判ります。サウンドボックスの中には、アルミの薄片が仕込んであり、針先が拾った物理的な振動を音に変える役割を果たします。

もちろん、その頃にも「電気蓄音機」（いわゆる「電蓄」）はあり、ターンテーブルの回転を電動モーターが受け持つばかりでなく、電気的な方法による再生装置も装備されているものもありましたが、我が家は貧乏だったので、手回し器を大事に使っていました。ゼンマイもぎりぎりまで巻き上げてしまうと、切れてしまうこともあります。その辺の手加減が難しかったのです。さすがに我が家の蓄音機は、「朝顔」と言われる外付けの拡声器ではなく、拡声部も内蔵されているものでした。円盤型のSPレコード（当時は〈SP〉などという呼称はありませんでしたが）には一二インチ盤と一〇インチ盤とがありました（LPでも盤の大きさは同じです）。なお〈SP〉という呼び名は、〈LP〉つまり〈long-play〉と区別するために生まれたもので、〈standard-playing〉の省略形ですが、むしろ回転数の〈78〉と呼んでいる国も多いようです。一二インチ盤で、表一面が四分ほど、一〇インチ盤だと三分弱位録音ができます（標準的LPの回転数は三三、後に七インチで四五回転盤も生まれました〔通称ドーナッツ盤〕）。また戦後一部の出版社が「ソノシート」というペラペラの不思議な音源を、主として雑誌や書物の付録のような形で販売していたこともあります、この場合、内容は音楽には限りませんでした。例えば交響曲は、それこそマーラーやブルックナーのそれのように一時間前後かかるものも、後には現れます（ベートーヴェンの『合唱付き』つまり「第九」は、その当時としては例外的に一時間をかなり超える演奏時間が必要でした）が、古典的なものだと、ほぼ三〇分程度、そうすると裏表で四〜五枚、硬い表紙のアルバムに入ったものが一曲のレコード、という塩梅です。

この種のレコードの最初は、二十世紀初頭、レコードのラベルに描かれた犬のマークでお馴染みのヴィクターだそうですが、そういえば「あの犬は雄か雌か」というクイズがひとしきり流行ったことがありました。おわかりですか。あの犬に付けられたロゴが〈His master's voice〉つまり「彼の飼い主の声」（に、耳を傾ける）ですから、当然雄というのが答えです。やがてライヴァルのコロンビアも生まれ、ヴィクターの赤盤、コロンビアの青盤が、トップクラスのレコードということになりました。

ラジオ放送が始まると、放送局でもレコードで音楽を流すようになります。一面に収まってしまう音楽ならよいのですが、交響曲などでは、盤の入れ替えをしなければなりません。どうしても音楽はそこで途切れてしまう。この問題は次のような方法で解決されたようです。ターンテーブルを二つ用意します。レコードも二セット用意しておきます。最初のレコードの第一面（裏は第二面）のレコードをAのターンテーブルに載せます。Bのターンテーブルには二セット目の最初のレコードの第二面（A上のレコードの裏面に当る）を載せておきます。A上の第一面が終わりに近づくと、Bのターンテーブルを回し始め、針をその面（第二面）の冒頭の上で待機させます。第一面が終わる瞬間、音楽が途切れないように第二面に針を落とすのです。つまり後に現れたLPレコードの最大の利点は、このような面倒な手順を踏む必要がなく、三〇分程度の曲なら、一面だけに十分収められるところにあったわけです。

なお、脱線ついでに、七八回転でのLPレコードというのも短期間ですが、発売されたことがあります。今手許にあるのはドイツ・グラモフォンのもので、E・ファルナーディ（Edith Farnadi, 1921〜73。ハンガリー、ブダペスト生まれ、戦後彗星の如く現れた女性のピアニストでリスト弾きとして有名だった）の弾いたリスト（Franz Liszt, 1811〜86）の『ハンガリー幻想曲』ですが、戦前からの手回し蓄音機でかけることができ、なお一面の再生時間が、普通のLPよりは短いですが、SPよりははるかに長く、一七〜一八分は入ります。

そもそも、レコードというのは、音を物理的な振動に変換し、その振動をカッティングという方法で、盤面に複雑な溝を刻み込むことによって成り立ちます。話を簡単にするために、音量の問題に話を絞りますが、音量が大きくなると、刻まれる溝の幅が大きくなり、音量が小さければ、その幅は小さくなります。再生の場合は、盤面に刻まれた溝を、カートリッジに支えられた針が、正確になぞることによって、音を復元・再生するわけです。

普通のSPレコードの場合、カッティングの際に刻まれる溝の最大幅に多少の余裕を持たせた一定幅をあらかじめ指定し、カッティングは、その溝幅の中で溝を刻みます。

ところが、振幅の幅が小さいのに、常に最大幅を用意しておくことは、それだけ盤面を無駄にしていると言えます。そこで、七八回転のLPなるものは、その無駄を極力抑える、つまりあらかじめ最大幅を指定しておくのではなく、振幅の大小に応じて、順次刻み幅を変えることで、盤面に余裕を生み出した結果、従来よりもかなり長い時間の録音を可能にした、というものでした。拙宅は貧乏で、なかなかLP対応の再生装置が買えずにいましたので、SP再生装置でかけられる、この新型レコードは、後で判りますように、我が家にとってはまことに有難い新工夫でした。結局は過渡期の産物で、間もなく姿を消しましたが。

ハンガリー楽曲の魅力

もう一つ脱線しますと、『ハンガリー幻想曲』という曲なのですが、リストは、ピアノ独奏用にハンガリー狂詩曲を二〇曲近く作曲しています。オーストリアとハンガリーは基礎となる民族が異なり、言語の共通性もなく、文化的にも異質なものを数多く抱えながら、融合的関係にありました。十六世紀以降、ハンガリー王国は、対等の立場でオーストリア帝国つまりハプスブルク治下にあり、十九世紀初頭、神聖ローマ帝国が崩壊しても、実質上の形態は変わらず、その後いわゆるアウスグライヒ（Ausgleich＝和解、示談）によって、二つの独立王国が統一帝国を形成し、オーストリア王が帝国皇帝となる（同君連合）二重帝国が誕生し、第一次世界大戦末まで、こうした関係が続きました。

したがってドイツ、オーストリア系の人々にとって、ハンガリー文化は、自国内の「異国文化」であり、芸術的刺激に富んでいた、と言えます。とくに音楽の世界では、ロマ（ジプシー）を抱え込んだハンガリー民族音楽は、ドイツ系の人々に大きな魅力に映ったと思われます。リストばかりではなく、例えばブラームス（Johannes Brahms, 1833~97）も「ハンガリー舞曲集」を書いていますし、すぐに思い出すだけでも、ドップラー（Albert F. Doppler, 1821~83）がフルート独奏と管弦楽のために書いた『ハンガリー田園幻想曲』、あるいはポパー（David Popper, 1843~1913）のチェロ独奏と管弦楽のための『ハンガリー狂詩曲』など、この時期に書かれたハンガリー風の名曲が頭に思い浮かびます。二重帝国崩壊後のハンガリーが輩出した大作曲家たち、例えばバルトーク（Bartok Bela, 1881~1945）やコダイ（Kodaly Zoltan, 1882~1967）については、別に論じる機会があれば、と思っています。念のためですが、ハンガリーでは、人の名前は、日本を含む極東諸国がそうであるように、姓―名の順に記す習慣があります。

リストに戻ると、彼のピアノのための『ハンガリー狂詩曲』では、第二番が図抜けて有名ですが、リスト自身、幾つかは管弦楽用にも編曲しています。さらに、そのなかの第十四番を素材にして、管弦楽を伴うピアノ協奏曲の形式で、一つの「幻想曲」を書きました。原題は〈Fantasie ueber ungarische Volksmelodien〉、つまり「ハンガリー民謡風のメロディによる幻想曲」というものです。全体で一六分ほどの、協奏曲としては短いもので、先ほどの新型七八回転ＬＰレコードの一面に収まっています。私の姉は、この曲を上田仁指揮の東京交響楽団と共演して、ピアニストとしての楽壇デビューを果たしました。そのときのお手本が、先ほどのファルナーディ盤だったのです。

なお、これまでの記述では、話が洋楽に限られた形になってしまいましたが、日本では、独自に能楽、浄瑠璃などの伝統音楽、歌謡曲、浪曲、漫才などの演芸、あるいは演説などなど、様々なジャンルのレコードが数多く造られるようになりました。面白いのは、当時の国産レコード会社は関西系が目立ちます。一九三四年創業の帝国蓄音器（後松下系となる）が生み出した「テイチク」レーベル、二五年創業の「ナイガイ」その後「タイヘイ」から「ニットー」（日東蓄音器）に至るレーベル、関東では講談社のレコード部門として三一年に始まる「キング」レーベルなどが主だったところでしょうか。日本独特の歌謡曲部門が、こうしたレコード・レーベルのコンテンツとしては、圧倒的に大きな販路を期待できるものとなって行きます。

余談が長くなりました。戻りますと、しかし、マーラーやブルックナーの交響曲が、音楽の辿り着いた至高の極致ではありませんし、そもそも音楽は「鑑賞」するためだけにあるものでもありません。音響装置が如何に優れていても、演奏家の技量が、レコード録音のなかのそれと比べて幾分か見劣りがしたとしてさえ、演奏家の息吹を生で感じながら接する音楽の方が、大きな感動を呼ぶ場合も少なくありません。もっと根本的には、クラシック音楽、いやヨーロッパの音楽だけが音楽ではない。この当たり前のことが、日本のクラシック音楽愛好者には、必ずしも常識になっていないのは、まともな教養としても、由々しいことかもしれません。

リベラル・アーツとしての音楽

中国の孔子は、『論語』の第八編に当る「泰伯」において、極めて簡潔ながら、人間の根本に触れる言葉を残しました。

子曰。興於詩。立於禮。成於樂。

通例に従って書き下せば、「子曰く、詩において興り、禮において立ち、樂において成る」ということになりましょうか。どこか、次に述べる「ムーサイ」の世界に似ていますが、人間の教養（いささか牽強付会《けんきょうふかい》かもしれませんが、あえてここでは「教養」という概念を使って解釈してみましょう）は、詩（文芸）をよくすることを出発点とし、礼を正すことで半ばとし、音楽によってはじめて完成する、という意味に受け取ることができはしませんでしょうか。中国の伝統である官吏登用試験、科挙（特に文科挙）では、詩を造る能力が重要事項として試されたのも、ここに関りがありましょう。ただ、この音楽は、礼の次に置かれていますから、天との結びつきで、天への捧げもの（供物）に伴って奏される礼楽と解するのが、妥当なのかもしれません。いずれにしても、今私たちが音楽に託する世俗的な「エンターテインメント」的な意味は希薄と考えられます。

ヨーロッパに目を向けると、色々の機会に述べてきたことの一つですが、リベラル・アーツの原型であるヨーロッパ中世の〈artes liberales〉は「三科」（trivium）と「四科」（quadrivium）に分かれますが、「四科」には「音楽」（musica）が含まれています。

他の三つは、天文学、幾何学、算術ですから、自然理解のために必要な術、それも、どちらかと言えば「数学」的な匂いが強いわけで、その仲間ですから、「音楽」も、今風に言えば理科系、数学系と考えられていたことが判ります。

そもそも、リベラル・アーツの中に含まれる音楽（music＝英語）とは何なのでしょう。もともと〈musica〉というのは、ギリシャ神話の中に現れる九柱の女神たちムーシケー（musike＝単数、musai＝複数）に由来する語です。ムーサイは、主神ゼウスと、記憶の女神ムネーモシュネーが、九日間交わった末に、人々の苦痛を忘れさせるためとして生まれたとされています（ヘーシオドス『神統記』廣川洋一訳、岩波文庫）。ムーサイと言っても、すべてのムーサイが直接音楽に関るわけではなく、劇場、詩など、およそ文芸に関る様々なジャンルを司る神々ですが、中でもテルプシコレー（Terpsichorē）は、現代では特に吹奏楽に所縁があるとされ、実際にその名を冠した曲もあります。またエラトー（Erato）は、竪琴をもった吟遊詩人の如き存在ですが、現代にはフランスの有名なレコード会社が、この名を頂いています。またエウテルペー（Euterpē）は、「喜びをもたらす」の意味を持ちますが、表象としては笛（アウロスあるいは現代のフルート）がそれに当ります。アウロス（aulos）というのは、古代ギリシャに開発されたダブルリード（二枚の葦の薄片を合わせ、そこへ息を吹き込んで発音する、現代ではオーボエ類がそれに当る）の木管楽器です。

「ピタゴラス・コンマ」

そうした環境の中で、一人の天才が現れました。ピタゴラス（Pythagoras, c569~c470 B.C.）です。もっともピタゴラスが数学的知を至上とする学者として、一派を形成したとき、この学派（と普通は言われますが）は、むしろ一種のカルト集団のような性格を帯び、そのなかに蓄積される知識体は、完全に門外不出、これを外部に漏らした者は死を以て報われるとされました。したがって、彼（ら）の学識を伝える直接の史料は皆無と言ってよいようです。結局、彼の死後一部の弟子からの伝聞のみが後世に伝えられた形になりました。

ピタゴラスの定理は、小学生でも知っているでしょうが、そのピタゴラス学派の、あまり知られざる音楽論の成果の一つとして第三章でも触れた「ピタゴラス・コンマ」というのがあります。これもピタゴラスその人の発案であるのかどうか、判然としないところがありますが、いずれにしてもピタゴラス学派のなかで、音組織に関する理論形成が行われていたことは確かです。

ところで、ピタゴラスコンマの説明ですが、数値などを持ち出すと判り難くなりますので、大雑把な解説に止めます。一本の弦を張ります。音が出ます。C音としましょう。ちょうど半分のところでは、一オクターヴ高いC'音が出ます。「倍音」という日本語の由来でもあります。この間を十二の半音に等分したかたちの音階の組み立て方を平均律と言います。ピアノをはじめ鍵盤楽器は基本的にそうして調弦されます。余談ですが、いわゆる現代音楽でシェーンベルクに始まるとされる「十二音音楽」は、この十二の半音階の中の全ての音を平等に扱おう、という前提を持つ作曲技法のことです。

話を戻すと、このオクターヴは、両端を入れて五つの半音（「長三度」と言います）三組から成り立っていると考えられます。CからE、EからGis（G#）、GisからC'というわけです。ところがピタゴラス音階と言われる自然倍音の考え方による「長三度」（「ダイトーン」と言われます）を土台にして、同じ操作、つまりCからダイトーンを三回上に辿りますと、本来のC'よりわずかですが高い音になります。この差を論じるのがピタゴラスコンマの議論です。

つまり、古代ギリシャにおいて、周波数や振動数などに関する細かい理論体系は持ち合わせていなかったにも拘わらず、自然の中に組み込まれている音の秩序に関して、極めて精緻な音響理論が組み上げられていたことになります。無論彼らには彼らの歌もありましたし、何種類かの楽器も文化的な財産となっていました。劇場では、我々の言うオペラに近い催しものも行われていました。しかし、女神「ムーサ」の司る領域は、単に音の世界を楽しむだけではなく、自然界の中に潜む合理的な秩序の一つとしての音楽という、極めて学問的な領域を築き上げていたことになります。

少なくともヨーロッパ中世までは、教養ある人間とされる人々は、そのような意味での音楽的な理解を求められていたことは確かです。そこには、芸術としての音楽はもちろん、娯楽としての音楽も、入り込む余地はなかったと考えられます。

芸術家の誕生以前

そもそも、芸術という概念が、ヨーロッパにあったとは思えないのです。例えば、私たちは、レオナルド・ダ・ヴィンチ（1452~1519）の『最後の晩餐』や『モナ・リザ』、ミケランジェロ（1475~1564）の『ダヴィデ像』あるいは『ピエタ像』などを芸術作品として鑑賞します。私たちの思考の枠組みから言えば、そのことに何の疑問も躊躇もありません。しかし、彼らの時代に、彼らの意識として、自分は芸術作品をものしている、という感覚はなかったはずです。

美しさや心地よさの追求はあったでしょう。けれども、美しさや心地よさは、自然のなかに元々あります。風景の美しさ、人体の美しさ、などなど自然のなかにあるそれらを再現することを芸術というなら、彼らの作品も芸術作品と言ってよいかもしれない。しかし、例えば、芸術作品として私たちが理解するものは、それだけでしょうか。風景の美しさ、人体の美しさを再現するだけなら、今では写真の方がはるかに徹底していま す。「写真のような絵」という表現は、芸術家にとっては侮辱でしかないでしょう。少なくとも、芸術作品には、芸術家個人の内面にあるとされる独自の精神性と、それが導き出す独自の創造性がなければならないと、私たちは考えています。そして、そのことを保証する背景として、芸術家の心奥にあるはずの美的感興を、修得した技術を駆使して、独力で（ここが大切なところです）、自発的で、唯一の、しかも先例のない形で、表出する、という了解を持っています。それは絵画であろうが、彫塑であろうが、あるいは音楽であろうが、等しく分け持たれている了解だと思います。

しかし、例えば上に挙げた「独力で」という条件は、レオナルドやミケランジェロには明らかに当て嵌《は》まりません。同じ工房の同僚や弟子の筆や鑿《のみ》が全く加えられていないということは考えられないからです。「自発的で」という条件も不適です。彼らの作品は、領主や教会などからの発注を請け負って、言わば特定のミッションを負わされて造られたものです。音楽でもそうです。バッハ（1685~1750）やモーツァルト（1756~1791）でも、ほとんどの作品は、いわゆる機会音楽（Gelegenheitsmusik＝独）と言われるもので、時の権力者が何かの機会に合わせて発注し、それに応じて書かれた作品が多いのです。

その上「唯一の」という条件も、満たされることがない場合が少なくありません。バッハでもモーツァルトでも、何かの機会に造った音楽を、別の機会に、少し編成を変えたり、楽器を変えたりして、使い回しをする、ということも決して珍しいことではありませんでした。さらに、バッハはヴィヴァルディ（1678~1741）の『四つのヴァイオリンのための協奏曲』を、そっくり戴いて『四つのチェンバロのための協奏曲』に仕立てることまでやっています。当時としては、別段難ずべきことでは全くありませんでした。このような便宜上の使い回しは、後の芸術的作曲家が、例えば声楽のために書いた自作を、ヴァイオリンと管弦楽の曲に編曲する、というような場合（一例を挙げれば、リヒアルト・シュトラウス〔1864~1949〕が自作の「明日に」〔Morgen〕というソプラノとピアノ用に書いた曲を、ヴァイオリンとオーケストラのための音楽に書き直しています)、あるいは、他人であるパガニーニ(1782~1840)「二十四のカプリース」の第二十四番『主題と変奏』の主題を元に、ラフマニノフ(1873~1943)が『パガニーニの主題による狂詩曲』を書いている場合とは全く意味が異なります。結局、芸術という概念が確立されるまでの「芸術」作品は、職人の造った道具のようなもので、便利に使うことができる類のものと考えられていたことになりましょう。

バッハやモーツァルトは職人

この推定には、言葉の詮議からの傍証があります。ヨーロッパ語で「芸術」に相当する語を考えてみてください。例えば十九世紀フランスで「芸術至上主義」が流行りました。恐らくT・ゴーティェ(1811~72)辺りの発想によると言われていますが、創作活動が、一切の教訓的、宗教的、道徳的、あるいは実用的な目的から解放されて、創作行為そのものが自己目的(autotelique =仏)となることこそが芸術の特性である、という主張がそれで、多かれ少なかれ芸術という理念の中には、この主張が組み込まれていることは、疑いがありませんが、この主義はフランス語では通常〈l'art pour l'art〉と表現されています。馴染みのカタカナ語を使えば「アートのためのアート」ということになり、このカタカナ語が芸術に相当する語であることは、不満のないところですが（英語では〈art for art's sake〉と表現します）、しかし〈art〉の語源はラテン語の〈ars〉で、通常は「技」もしくは「業」の意味です。

何が言いたかったかと言えば、ヨーロッパの伝統の中では、芸術と技術とを区別する言葉がない、という点です。なるほど英語には〈fine arts〉という言葉があって、〈fine〉は、「精緻な」あるいは「洗練された」という意味を持つ形容詞ですから、日本語に言う「芸術」を指す言葉と理解されるのが普通です。もっとも、日本でこの語を訳す時は「美術」とすることが一般的ですが。いずれにしても、レオナルドやミケランジェロからピカソや（1881~1973）やモジリアニ（1884~1920）、あるいはラモー（1683~1764）やバッハからシューマン（1810~56）やシェーンベルク（1874~1951）に至る流れは、「技術」の歴史の範囲で捉えられる一方で、そのような連続性に異を唱えるべく「芸術至上主義」という、ある面で極端な主張が現れたのに反して、私たちは「技術」と「芸術」とを明確に区別する言葉を持ったがために、そういうヨーロッパの技術・芸術観の変遷を捉えそこなっているようにも思われます。

例えばバッハを、モーツァルトを、私は芸術家というよりは職人と判断しますが（その判断は、彼らの作品の持つ「芸術性」を損なうものではありませんが）、そう言うと恐らく、彼らの冒瀆だと憤慨なさる方も少なくないと想像します。それは、ちょうど、ニュートン（1642~1727）やガリレオ（1564~1642）を「科学者」とは考えない、という論点と並行しています。なるほど、彼らの著作の中には、現在私たちが科学的に正しいとしている内容を見つけることができます。しかし、彼らは現在の言葉で言う「科学者」として、そういう仕事をしていたわけではありません。第一、当時イギリスにも、あるいは他の如何なるヨーロッパ諸国にも「科学者」に相当する言葉はなかったのです。このような場合、呼称に相当する言葉がないということは、それが当て嵌まる実体もないことを意味します。

音楽の世界に戻れば、芸術家と呼ばれるのに相応しい姿勢で創作に臨んだ最初の作曲家はベートーヴェン（Ludwig van Beethoven, 1770~1827）だったでしょう。私はベートーヴェンを神格化するつもりは全くありません。ベートーヴェンの作品に、勘弁して欲しいと思う要素を多々見出している人間です。それは好悪の問題ではなく、要するに彼の生きた時代の問題なのです。

多様な音楽文化のなかで

音楽の起こりは多様だったと思われます。他の動物たちと同様、コミュニケーションの方法もその一つです。ピレネー山地のバスク地方では、今も残っていると言われますが、山深く、森繁き場所で、独特の歌うような発声で、危険を、獲物を知らせ合う。そこには、ある種の特定のメロディが生まれました。

この名残として現代に顕著なのは、イスラム世界で聖式（サラート＝礼拝）が始まることを知らせる「アザアン」と呼ばれる合図です。「神は偉大なり」という言葉が、ある種の節付けで四回、人声で繰り返されます。イスラム正統派では、人間の官能を刺激するものとして、音楽は原則禁止で（密教的なスーフィズム派の中には、楽器を使った踊りなどが、宗教的な行いとして奨励されている例もあります）、アザアンも、音楽的な「歌」とみなされているわけではありませんし、『クルアーン』などの朗誦にもある種の節付けがありますが、それは音楽の範疇から外れるものとされています。なお、聖式の始まりを告げるものとして、ユダヤ教では、一種のラッパが、またキリスト教では周知のように鐘が使われますが、これらの楽器は、世俗的な音楽へも転用される（いや、むしろ世俗的な使われ方が、聖的な場面に転用された可能性もあります）ことにもなります。

イスラムの場合の禁忌は例外とすれば、音楽は、宗教的な儀礼に不可欠なものとなりました。先に引いた『論語』の「楽において成る」という一節も、結局は天に対する儀礼を捧げることに一致します。

一方、農耕文化の時代には、祭祀における音楽と並んで、世俗世界では労働歌に類するものが生まれていました。恐らくは単調な鋤打ち作業などでの掛け声から始まり、発展したものでしょう。農業社会にありがちな自然信仰と結べば、こうした世俗的な音楽と、祭祀における聖的な音楽の区別は、むしろなかったかもしれません。人声以外の楽器の開発は、リズム楽器としての太鼓に相当する様々な工夫があったでしょうし、貝や果物の殻などを利用した吹奏楽器には、葦などを振動子として使う精緻な楽器も生まれました。また、木の皮や獣類の皮、あるいは羊毛などを撚《よ》って作った弦を何本か張った琴、リュートに相当する撥弦《はつげん》楽器も工夫されました。ほとんどの文化圏の考古学的な段階で、こうした楽器の原型となるものが発見されてきています。結局、先に述べた芸術至上主義が否定した、宗教的、儀礼的、教訓的、実用的な出発点こそが、音楽の始まりだったと考えられます。「教訓的」というのは、例えば日本での『平家物語』は、盲目の琵琶法師によって専有的に伝えられた語り音楽ですが、庶民に伝えられる際には、仏教的な背景は無論あるにせよ、日常生活を送るに当っての「教え」の如き機能を持っていたことなどを、例に挙げられましょう。

こうした出自を持つ音楽が、古代ギリシャでは、自然の中に潜む見事な秩序への関心・探求と結びつく方向に進む道もあり、十九世紀ヨーロッパのように、一切の現実的な目的を離れて、それ自体に価値を認め、音楽することが自己目的化するような道へも赴くことになりました、私たちは、中国から入来した隋唐時代の儀礼的な音楽（主として宮中で、雅楽として発展した）、やはり外来の仏教のなかで育まれた声明《しょうみょう》のような音楽、農村で発生した田楽《でんがく》や神楽《かぐら》のような土俗的な音楽、そしてヨーロッパから入来した、当初はカトリシズムの典礼音楽から明治期の西欧音楽に至る、多方面の起源を持つ多様な音楽文化の中にいます。それをどのように咀嚼し、どのように選択し、どのように発展させるか、それも、日本社会に生きる教養人としての課題の一つであることは間違いがありません。

有限な音の連鎖

かつて私は、「時間の流れに沿った有限な音の連鎖」という定義を、音楽に与えたことがあります。あまりにもそっけない、と思われる方も多いでしょうし、ヨーロッパ音楽に詳しい方なら、直ちに「それは違う、例えばヨハン・シュトラウスには『無窮動』という名曲があるではないか、あれは、放っておけば、無限に続いていく音楽ではないか」とおっしゃるかもしれません。念のために書いておけば、『無窮動』（あるいは一般に「常動曲」は、他にもパガニーニのヴァイオリン独奏曲〈Op.11〉や、ウェーバーのピアノソナタ Nr.1 の第四楽章など、多数あって、細かい音符が同じプレストのテンポで限りなく続いてゆく）というのは、原曲名を〈Perpetuum mobile〉と言いますが、音楽の外では「永久機関」のことで、シュトラウスの曲も、指揮者が適当なところで終わらせなければ、いつまででも演奏可能な曲に仕上がっています。でも、演奏会で、音楽を永遠に続かせることは事実上不可能ですから、『無窮動』といえども、結局は「有限な音の連鎖」でしかないことは明白でしょう。

もちろん音楽の定義が、上の一文で済ませられるとは、私も全く思いませんが、それだけでも、音楽について、色々なことが言えるのではないでしょうか。

作曲の場合を考えてみます。今は、事を単純化して、一人の人間が声で歌う単音の（ハーモニーのつかない）曲のみを対象にしてみます。モンゴルのホーミーのように、一人の人間の声でも、同時に複数の音を発声することが可能な例外もありますが、それも、ここでは捨象します。さて、そうすると、ある曲の最初の音が決められると、時間的に次に当る音をどう選ぶか、が問題になります。通常は、この選び方には明確な、あるいは暗黙のルールがあります。ここで選択すべきなのは音高（ピッチ）、音価（時間的な「持続」）、強さ、など幾つかの異なった要素がありますが、とにかく、そうして第二音が決まると、次には、第三音を決めなければなりません。

このようにして、一つの動機が定まり、その組み合わせでメロディが決まり、それらを繋ぎ合わせて、一つの曲が完成します。

先に、音の選択には、明確な、あるいは暗黙のルールがある、と書きましたが、西欧の音楽では、かつては楽典と呼ばれるものがあって、ある音の次に、ルール外れの跳躍や、不自然な選択は、禁じられましたが、時代の深まりと同時に、こうした規制は一つ一つ外されて来ました。二十世紀以降の十二音音楽では、「何でもあり」でもよく、また、作曲者がその曲に限って、自ら一つあるいは複数のルールを設定する、というような方法も採用されました。さらには「偶然音楽」（aleatoric music）のように、選択を乱数発生装置に任せる、というような極端な方法さえ、採用されました。この概念はジョン・ケージ（John Cage, 1912〜92）の創始になるとされますが、原語の〈alea〉はラテン語で「骰子《さいころ》」を意味します。簡単に〈chance music〉とも言われます。これも蛇足ですが、英語の〈chance〉に相当すると思われるドイツ語に〈Gelegenheit〉があります。しかし、その言葉を使って〈Gelegenheitsmusik〉というと、まるで違った意味になります。教会の献堂式、領主の結婚式、一国の戦勝記念の祝日など、主としてお祝いの日のために、作曲家が依頼されて造った音楽のことを指すからです（訳語としては「機会音楽」が相当します）。偶然音楽のドイツ語は〈Aleatorik〉としか言えないようです。

モーツァルトの作曲

話を本題に戻しましょう。もっとも、機械に任せるならともかく、実際に作曲家が、このような手順で曲を作っているわけではないでしょう。恐らくは、一つの動機、一つのメロディが作曲家の頭のなかに浮かんだとき、それは「一挙に」であって、時間の経過とともに一音一音を選んでいくような形ではないと思われます。

少し旧い話になりますが、アメリカの中世技術史の専門家だったリン・ホワイト・ジュニア（Lynn White Jr. 1907~87）は、モーツァルトを「エヴム」（aevum）の作曲家だ、と評したことがあります。「エヴム」（もしくは「アエヴム」）は、スコラ哲学の用語で、「永代」と訳されているようです。細かいことを言えば、アルベルトゥス・マグヌス（Albertus Magnus, c.1193~1280）に遡れますが、通常はトマス（Thomas Aquinas, c.1225~74）の『神学大全』の記事を以て源とするようです。トマス哲学では、神は時間を超越した存在であり、人間は時間によって縛られた存在であるとすると、その中間に「天使たち」の時間がある、と考えました。それが「エヴム」です。

作曲に際して、楽譜に記していく時には、まさに上に述べたように、時間の経過に縛られて、ある音、次の音、次の次の音、というように書かざるを得ないとしても、モーツァルトの頭のなかでは、音楽は最初の音から最後の音まで、同時に、一挙に、捉まえられており、この次はどの音を選ぼうか、この次はどの動機をもってこようか、などとは、およそ考えていなかったのではないか。音楽は言わば「折り畳まれた」形で把握されており、その折り畳まれた音の集合を、楽譜にするときには仕方なく、解きほぐして、時間の経過順に並べることになる。そんな風にホワイトは考えたのでしょう。

モーツァルトが、すべての作曲をそのようにして行ったかどうか、は判りません。でも彼の肉筆の楽譜は、如何にも一々書くのは面倒だ、とばかりの殴り書きが多く、和音付けなどは、判っているから、書かないよ、というような状況のものがほとんどであることは、そうした推測の傍証位にはなるでしょう。他方、モーツァルトばかりではなく、作曲という行為が、多かれ少なかれ、こうした方法に近い形で行われる、というのも、ある程度はたしかなのでは、と思います。

そうだとすると、先ほど人間は時間に縛られた存在である、と書きましたが、人間は時に時間からはみ出て、エヴムのなかで生きることもある存在である、と訂正すべきことになるかもしれません。そして、時間に決定的に縛られているものとしては、人工物、なかんずくＡＩを挙げることができます。

例えば、タイトル保持者とさえ良い勝負をする、ということで、今話題の将棋のＡＩですが、ある局面から次の局面に移るに際して、すべての可能性を検討することになります。過去の戦績などを援用して、次の一手が選ばれます。これは、上に述べた作曲の場合に似ています。作曲の場合は、楽典に基づく場合は、すべての可能性を検討する必要はありませんし、十二音音楽で、作曲者自身がルールを設定する場合も、同様でしょう。古典的な音楽の場合、音高だけを問題にすれば、例えば〈Si〉の次には〈Do〉が選ばれる可能性が非常に高くなります。この状況は確率論では条件付確率という概念に相当します。将棋の場合でも、各駒の動き方に制約がありますから、ＡＩでも検討すべき可能性の数は、かなり減ることになります。囲碁の場合は、選択すべき場所が将棋よりははるかに多いこと、打つ場所の制約は将棋よりははるかに緩いこと、などから、ＡＩも大分苦労してきたようですが。

このような事態は、情報理論にそっくり転換できます。話を判り易くするために、自然言語を例にとりましょう。通常よく言われるのは、自然言語では、その平均情報量は、理論的な最大情報量よりかなり低くなります。言い換えれば冗長度が高くなります。英語のような表音文字で考えてみます。英語の綴り字で〈q〉の次に置かれる文字は、ほとんどの場合〈u〉です。アルファベット、括弧、ピリオド、その他の要素を考慮に入れても、コンピュータのキーボード数、およそ四〇ほどの要素があるわけですから、理論的には、〈q〉の次に置かれる要素は、すべて0.025（1/40）の確率を持つはずですが、実際には〈u〉が、ほとんど1に近い確率を与えられています。これは先述のように条件付き確率として定義されるものですし、いわゆるマルコフ連鎖の理論でもあります。そして意味論的には、〈q〉の次の〈u〉は、ほとんど情報量を持たない（情報を伝える作用はない）のであり、あってもなくてもよいもの、言い換えれば「冗長的」であることになります。この〈u〉は、言い換えれば内容を伝える役割を果たしていない、ということになります。電報などで、信号素の一つ一つにコストがかかるような場合には、省略してもあまり問題はないわけです。実際日本のタバコの名前の「ハイ・ライト」は本来なら〈High Light〉とすべきところですが、実際は〈Hi Lite〉となっています。

自然言語の表記では、こうしたことがしばしば起こります。英語のなかでの話を続ければ、今問題にした〈high〉という綴り字を考えてみましょう。一つの意味単位を伝えるものとしての、単語という観点から見れば、特に「音」としての単語という点では、綴り字後半の〈gh〉は、あってもなくても良い、誰もが〈hi〉だけで、片仮名式で言えば「ハイ」と発音してくれるでしょう。

このような一見無駄な綴り方は、この言語系全体の情報量を下げる働きをします。別の言い方では冗長度が高くなります。いわゆる自然言語は、かなり冗長度が高い、つまり無駄の多い信号システムです。なぜそうなのか。理由は簡単で、エラーが起きないよう、あるいは起きたときには直ちに判るようにするためです。

簡単な例で考えてみましょう。〈a, b, c, d〉という四つの文字から成る言語があったとします。これを〈1, 0〉という、いわゆるバイナリーで信号化するとどうなるでしょうか。

要素文字	a	b	c	d
信号系一桁目	1	0	1	0
信号系二桁目	11	10	01	00

つまり信号系二桁で、四つの文字素は完全に区別できることになる

左表に従えば、二桁できちんと四つの要素文字の区別を立てることができます。これ以上〈1, 0〉を使うことは無駄で、信号にお金がかかるとすれば、これが最も安上がりです。しかし、何かの手違いで〈1, 0〉にエラーが起こり、逆転したとします。すると、たちまち〈a〉は、b、c、dに変化してしまい、信号の伝達という点で致命的なことになりかねません。それを防ぐには、〈1, 0〉の桁数を増やすという手段があります。例えばもう一桁増やして、三桁にしてみます。その際、使われた数字を加算したときに〈2, 0〉となる、という付随則を立てておきます。するとa=110、b=101、c=011、d=000となって、どこかの桁にエラーが起これば、付随則を適用して、エラーが直ちに発見できます。もちろん二桁の数字にエラーが起これば、この

利点は失われますが、三桁目の数字は、信号系としては無駄であり、冗長であるわけですが、対エラーという点では、より確実度が高いことになります。

信号系におけるこの「無駄」は、言い換えれば情報量を持たない（だからこそ冗長性なのですが）にも拘わらず、日常的には極めて重要な役割を果たします。これは音楽の世界でも全く同じです。例えば「ドレミ」の表現で書きますが、「シ」の次には、極めて高い確率で「ド」が来ます。「シ・ド」という音の移行は、先ほどからの言葉遣いをすれば冗長であります。しかし、自然言語の場合と同じく、音楽の場合も、情報量が高まれば高まるほど、耳慣れず、聴き手は気の休まることのない思いを味わわされ、冗長度が高まれば、穏やかな感慨に浸ることができるわけです。

例えば調性という概念も、この原則に従っており、調性のお蔭で、時間の進行とともに選ばれる音（今は音の高さ、音高だけを問題にしています）には緩やかな定型性（冗長性）が保証されます。

定型性と「驚き」の調和

十九世紀末から二十世紀にかけて、ヨーロッパの前衛的な作曲家たちは、この安定した定型性を打ち破ろうと、無調音楽（調性のない音楽）への道を辿り、十二音音楽からチャンス・ミュージック（偶然音楽）まで行きつきました。調性音楽では、主和音に属する音と、それ以外の音の役割が緩やかに決まっており、使用頻度もそれに伴って、定型的な分布を示すのが普通でした。十二音音楽では、オクターヴの中の十二の音を、均等に使うというようなルールを設けて、定型性の打破を試み、さらに、ある音を定めると次の音は、乱数発生器の指示に従って、全くの偶然の手に委ねる、というような技法を使うようになりました。聴き手からすれば、ある音の次には、ある種の定まった音（複数でよいが）をのみ期待するわけですが、偶然音楽では、その期待を裏切って、いかにも突拍子もない音が聞こえてきたりします。私たちの耳が定型性に慣れてしまっているからには違いないのですが、そうした音楽は「心地よさ」からは離れます。

こうした試みが、前衛としては貴重なものと受け止められてきた背景には、芸術としての音楽が、独創的、個性的なものでなければならない、という近代ヨーロッパに発した「芸術」が担わなければならない運命があるからです。

比べるのは奇妙に聞こえるかもしれませんが、日本の歌謡曲のなかの演歌というジャンルは、歌詞も似たようなものが多いのですが、メロディ、つまり時間のなかでの音の繋がりは、部分的にはどこかで聴いたものがほとんどです。そうした部分を巧みに繋ぎ合わせて、少しずつ異なった曲ができ上がっています。演歌を聴いて楽しむ人々は、前衛を柱とする「芸術」的価値などを求めません。どこかで聴いた音楽の繰り返しを楽しむわけです。私は、それを軽蔑しているわけでも、まして否定しているわけでもありません。感性的な心地よさは、むしろ繰り返しの中に潜んでいます。芸術音楽の世界だって、それを無視してきたわけでは毛頭ないのです。

例を挙げてみましょう。典型的な音楽の形式であるソナタ形式では、イントロダクションは置かれるにせよ、最初に第一主題なるものが提示されます。次いで第二主題として、違った性格のモティーフが現れ、この二つがしばらく重なったり、入違ったりしながら進みますが、大抵は、ある時間が来ると、繰り返し記号が現れ、第一主題の提示部に戻って「同じこと」を繰り返します。繰り返し記号まで来ると、二回目はそれをスキップして、少し変わった趣向の音の連なりが現れ、いわゆる展開部になります。しかし、そこかしこに、第一主題と第二主題が、調性を変えたり、リズムを変えたりしながら現れます。そして、またまた第一主題が現れ、そこからコーダという終結部に入ります。つまり、基本は二つの音型を、手を変え品を変えて繰り返すことで、音楽は成り立っています。

部分的にも、繰り返しの効果は、いたるところにあります。ベートーヴェンの『運命』と称される交響曲の最後、執拗な同じ和音の繰り返し、ラロのチェロ協奏曲やヴァイオリンのための協奏曲（名称は『スペイン交響曲』ですが）などでも、同じ和音がこれでもか、と繰り返し鳴らされます。『運命』では、全楽章を通じて、例の「タタタターン」というリズムが常に使われています。

もっと凄まじいのは、ベートーヴェンが大成者と言われる「変奏曲」というジャンルです。最初に四小節程度の、簡単なモティーフが「主題」として提示されます。以下、執拗にそれのモティーフを弄《いじ》り、まさにここでも手を変え品を変えて、繰り返されるのです。彼の有名な『ディアベリ』と名付けられた変奏曲では、実に三三回も繰り返されるのです。もっとも先輩のバッハにもすでに三一回繰り返される『ゴルトベルク』があり、ベートーヴェンはそれに範を得たとも言われます。

これは作曲の立場からの繰り返しですが、聴き手の側も繰り返しが好きです。レコードなるものが、そもそも繰り返しを前提に成り立っているのですから。同じ音楽を同じ演奏家の演奏で繰り返し聴く、というのがレコードの持つ意味ですから、音楽の世界では、時間の執行とともに、同じことを繰り返すことが、如何に大きな意味を持っているかが、判りましょう。「前衛」がどれほどその習性を破ろうとしても、全面的に成功することはあり得ないのです。

ただ、同時に人間は、「驚き」にも魅かれる存在です。定型性は陳腐さと隣り合わせです。陳腐さは「飽きる」ことと繋がります。そうした際人間は、定型性に身を委ねながら、時に、「驚き」を期待します。偶然音楽は逆に驚きの連鎖ばかりで、人間はそれにも耐えられないのが普通です。適度な定型性と適度な驚きを時間のなかでゆったりと味わうことができるのが、常識的には望ましい音楽ということになりましょうか。

藤原義江と浅草オペラ

クラシック音楽と他の音楽（娯楽のための）とは通常峻別されますが、声楽の世界では、この領域区分はかなり曖昧になります。クラシックの歌手と認められている人のなかには、かつては、およそクラシック音楽の教育を受けなかった人もいました。まあ、現在はあまりありそうにない話でしょうが。

日本で典型的なのは、不世出のテノールとして、一世を風靡した藤原義江がそうです。

もともと、イギリス人（スコットランド出身）の父親と、芸者との間に生まれた彼の幼少期は、それだけの条件と時代の雰囲気からしても、「まとも」な生い立ちができない不幸を抱えていたと言われます。日本人ばなれをした風貌を買われて、沢田正二郎の新国劇に参加したこともあり、しかし、股旅もの、任俠ものを売り物にする新国劇には、充分な活躍場所は当然なかったはずです。結局は、浅草オペラで少しずつ頭角を現します。もっとも、ここで最初の妻となった、はるかにオペラでは先輩の歌手安藤文子に寵愛されたことが、出世の原動力となっていましたし、その後生涯を通じての派手な彼の女性遍歴の最初であったと言えましょう。浅草オペラというのは、「オペラ」とは銘打っていますが、アメリカのヴォードヴィル（後ミュージカルに発展する）や、ウィーンのオペレッタなど、それに日本の寄席芸などを加味した、完全なエンターテインメントでありました。

浅草オペラは、雌伏期はあったにせよ、正式には大正中期に始まり、関東大震災で劇場を失って終わる、という一〇年に足りないわずかな期間でしたが、原信子、清水金太郎（シミキン）、田谷力三、二村定一、榎本健一（エノケン）らが、活躍の舞台を求めました。『椿姫』のような本格的なオペラの上演を試みたこともあったようですが、オッフェンバックの『天国と地獄』や、今では母国フランスでもほとんど忘れ去られている作曲家オーベールの『フラ・ディアボロ』など、非常に大衆的な演《だ》しもので人気を博しました。熱狂的ファンは「ペラゴロ」(オペラ狂いのごろつき)と呼ばれましたが、結構この時期の知識人たちが、そのリストに名を連ねています。

少し意外かもしれないのは、宮沢賢治です。彼が音楽好きで、チェロを弾いたのは、作品『セロ弾きのゴーシュ』にも現れていますし、また彼の愛用の楽器が記念館に残されていて、チェリスト藤原真理が、その楽器を使って賢治ゆかりの音楽を奏でた『風のかたみ〜宮沢賢治へのオマージュ』というCDも発売されています。その賢治が浅草オペラに夢中で、彼の演劇作品と言ってよい『飢餓陣営』(「バナナン大将」として親しまれている)は、浅草オペラに刺激されて書き上げたもの、というようなことは、賢治の人となりからすれば、多少意外に感じられます。

さて藤原義江ですが、だから、彼が本格的にオペラの舞台に立つようになったときにも、楽譜はほとんど読めず、歌唱は完全な独学であった、と言えます。その後彼は、多くのパトロンに恵まれ、ヨーロッパへの遊学も繰り返し、その間、本格的に声楽を学ぼうとした時期もあったのでしょうが、本質的には、彼の歌は天性に頼ったものだった、と言えます。『出船の港』『沖の鴎』『鉾をおさめて』など、民謡調も織り込んだ日本の歌曲などは、クラシック畑の音楽家のポピュラーな曲の演奏と通常は受け取られますが、結局は、彼の出発点であったエンターテインメント性の発露でもありました。

忘れられたテノール・スター

私は、藤原義江を論じようとすると、すぐに戦後アメリカが生んだテノールのスター、マリオ・ランツァを思い出します。マリオは、『歌劇王カルーソ』という映画に主演して、この映画は、日本でも公開されましたが、それ以外には、あまり日本では知られないままに終わってしまったような気がします。

戦後愉しみと言えばラジオしかなかった頃、しかも局としては、東京ではNHKの第一放送と第二放送、それに占領軍のためのAFRS（Armed Forces Radio Service、コールサインはWVTR-TOKYO、その後FEN＝Far East Network、現在はAFN＝American Forces Networkと名を変えています）の三局だけ。AFRSを聴いていると、夜のゴールデンタイムに「ハリウッドボール」という音楽番組があって、そこにほとんど毎回のように出演していたのがマリオ・ランツァでした。

今でも忘れられないのは、彼が歌ったロッシーニの歌曲『ラ・ダンツァ』を初めてそのラジオで聞いた時でした。原語嫌いのアメリカで、珍しくこの曲のタイトルは、原語のイタリア語で紹介され、碌《ろく》に英語力も持ち合わせない、小学六年生の私が何とか聴き取ったそのイタリア語のタイトルを、永年憧れとともに、記憶に仕舞い続けました。後にカルーソに扮した映画でも、確かこの曲は披露されましたから、マリオの十八番の一つだったのでしょう。後で楽譜を見ると、タランテラのような、急速な、細かい譜づらのこの歌曲は、歌好きだった私でも、とても、ついていけないものの一つです。

ところで、こうして、名前はイタリア系にしても、生粋のアメリカ生まれの抜群のテノール、マリオ・ランツァの名前は、私の頭に刷り込まれていて、後年アメリカに渡った何度目かのときに、音楽好きの知人に、その名前を出しましたが、彼女は全く関心を示さず、そういえば、そんな歌手もいたかしらね、といった具合で、すっかり音楽界から忘れられた存在になっていました。その理由は、追々聞いた話で、ある程度は納得しましたが、ポイントの一つは、彼は歌手・音楽家としての基礎的な教育と訓練を全く受けないまま、一時期スターダムにのし上がった人物であったところにあったようです。歌手としての彼の不幸は、そのことを自覚しつつ、スター扱いされ、映画にも出演し、海外のオペラハウスからも口がかかり、それを受けるだけの勇気が持てないままに、恐らくは、そうしたプレッシャーから、極端に太ったり、過度の飲酒、睡眠障害など、精神的に不安定になった結果、四十歳になる前に没したと言います。

理解者、出資者に恵まれ、艶福家という表現がおよそ不十分に見えるほどの女性関係にも恵まれ（?）、最後は、帝国ホテルの社長犬丸徹三の好意で、ホテルの一室を住処として（私も一度ホテルの食堂で、紹介を受けたことがあります、もう好好爺でしかありませんでしたが、ある種のオーラは感じました）、食事など一切の面倒をみて貰いながら、晩節を全うした藤原義江に比べれば、マリオは全く悲惨な最後を送ったことになりますが、どちらも母国で不世出のテノールと称されながら、その実、クラシック音楽の基礎からは遠い存在だった二人です。歌の世界では、往々にしてこういうことが起こり得たというのが、面白いところです。

美空ひばりと藤山一郎

逆に、正規のクラシック音楽の訓練を受けた上で、エンターテインメントの方へと転身した人もいます。私どもの記憶に最も鮮明なのは、藤山一郎です。幼少の頃からピアノを学んだ彼が、東京音楽学校（現・東京藝術大学音楽学部）に入学、ハイ・バリトンとして将来を嘱望される歌い手に育ちつつあったころです。実家が経済的に非常に追い詰められ、借金返済のために、レコード会社で歌を吹き込むアルバイトを始めます。その頃、学校では、外部での演奏活動を厳しく禁じていましたので、本名の増永丈夫ではなく、藤山一郎というネームを使うことにしたと言います。古賀政男の『酒は涙か溜息か』『丘を越えて』が、まさしく藤山の出世作ですが、一度は、学校側にばれて、停学、放校になりかけます。この窮地は多くの人々の助けで、何とか切り抜け、卒業時は首席であったと言います。しばらくは、オペラのアリアなどを歌うときは本名で、流行歌を歌うときは藤山一郎で、という二足の草鞋《わらじ》を履いていたそうですが、そして晩年には再びクラシック音楽に接することもあったようですが、基本は流行歌、それも、めりはりの利いた見事な日本語の発音と、媚《こび》のない表現、譜割《ふわり》を崩さないかっちりした歌い方（ある人はそれを「楷書の歌手」と表現しました）で、歌手のお手本のような存在になりました。そうした彼の音楽の裏には、クラシック音楽出身という自負が、働いていたとみることもできましょう。

例えば、戦後のスター美空ひばりと比べてみれば、およその事情がわかると思います。

私は美空ひばりの天分を評価するにやぶさかではないつもりです。特に、人があまり言及しない、彼女の唄うジャズでは、その発音にほとほと感心させられます。英語の基本的訓練も、学校風という意味では、ほとんど受けていないはずの彼女が、言わば原曲のレコードを、耳からだけ聴き取って、それを自らの表現にそっくり移し替える、よほど良い耳と、表現力がなければ、絶対にできない技です。彼女の英語の歌を聴いた人は、ネイティヴの歌い手だと思うでしょう。藤山一郎はドレミファの「レ」と「ラ」とは違う発音で、どちらも日本語のラ行ではない、と言うことがあったと聞きますが、美空の場合、そのような理論抜きに、明確な区別ができていたと思います。それは本当に天才的だと思います。また、地声とファルセットとの使い分け方も、地道な発声の訓練を重ねたというよりは、自己管理の中から生み出した、これも天才的な技術に違いありません。私が彼女の歌で特に好きなのは、比較的晩年の『みだれ髪』です。この曲ほど彼女の技巧が冴えて聴かれるものはないとさえ思います。それに、彼女の歌にしては、どちらかというと、憂愁の思いだけが表に出た、ある種の清潔さがあります。人の心を擽《くすぐ》り煽る媚が薄らいでいます。

しかし。しかしです。彼女の歌の下品さは、聴く人間の非常に「品下がる」情動をこれでもか、と根こそぎ動かそうとする、普通の言葉で言えば、やっぱり「媚び」ですが、それには、私は耐えられません。ちょうど、その対極に置かれるのが、藤山一郎の歌だと思います。そこからは、美空ひばりの歌が造り出すような種類の「感動」は、生まれないでしょうが。

そういう意味で、聴衆への媚を感じてしまうのは、クラシック系では、やはりイタリア系（これはイタリア国籍というだけでなく、歌の種類としての意味です）の歌です。オペラで有名なアリアのなかで、原曲にない（でも、当然テノールの聴かせどころとしては許される）ハイ音を長々と響かせて、歌い切った瞬間の爆発的なブラヴォーと拍手を強要する（無論、聴衆は「強要されている」などとは感じないのですが）習慣、私はやはりどうしても馴染めません。カンツォーネやナポリ民謡でも同じことです。無論、自分にそんな芸当ができない僻《ひが》みもあるに違いないとは思います。でも、これ見よがし、というより、これ聴きよがし、な技への嫌悪感を完全に払拭することが、どうしてもできない。それが、どちらかというと、音楽の世界で、私がオペラにいつもある程度距離を置く理由です。頑なで、偏屈というご批判も、充分に受け取りますが。

エンターテインメントの品性

また話は飛びますが、向田邦子の名随筆集の一つに『夜中の薔薇』（講談社文庫）というのがあります。そのなかに、彼女が大熊一夫氏のリサイタルに出かけて行った日のことが綴られています。向田さんも簡潔に紹介していますが、大熊さんは、私の後輩で、オーケストラではトロンボーンを吹いていましたが、朝日新聞科学部に就職し、ある精神病院に意図的に入院して、患者の扱いの誤りを克明に暴いた記事で、有名になった人です。日本の精神医療の在り方に一石を投じ、その後も、医療や福祉の世界にジャーナリストとして関り続けてきました（阪大の教授にもなりましたが）。ただ、彼は一方で声楽に専心し、アマチュアの域を超えて、何回かバリトンの音楽会を開いてきました。その彼の音楽を聴いた向田さんの鋭いコメントが書かれています。彼にないのは「さもしさと媚である」。そして、プロのオペラ歌手は、それがないとやっていけないのだろうが、という言葉がさり気なく付け加えられています。この最後にさり気なく付け加えられた言葉、彼女自身自分が毒舌家であることを随所で認めていますが、寸鉄人を刺すものとなって、私には響きます。

別の観点から見れば、エンターテインメント側の音楽が、いつも大衆への「媚び」を抱えている、というわけではありません。例えばミュージカル『サウンド・オヴ・ミュージック』を挙げてみます。そこに登場する歌のすべてが、極めて清潔な叙情に溢れています。誰も、男性歌手に三点Cのハイトーンなど期待していません。

音楽から離れても、例えば伝統芸能で、落語を例にとりましょうか。私にとっては、およそ貴重な存在であった黒門町の師匠（桂文楽、八代目）にせよ、あるいは三遊亭圓生（六代目）にせよ、あるいは少し若くなって小さん（五代目）にせよ、その弟子の一人、先日惜しまれつつ逝った小三治にせよ、人の低劣な心を揺すぶって笑いを取ろうなどとは、一切試みたことがない師匠たちでした。その芸には、品性があり、格調があり、清潔さがあり、自己満足とは極にある、自己韜晦《とうかい》の風情に彩られていました。

最近自宅に初めてきちんとしたTVセットを入れたので、TVを観る機会が格段に増えましたが、そこで画面を支配しているのは、何というか、カメラの向こう側にいる人々に「媚びる」ことさえ忘れて、自分たちだけで笑い合っている、見るに堪えない、「芸」と名乗るのも烏滸《おこ》がましいような芸を披露している芸人さんたちです。どこまで奇抜な恰好ができるか、奇妙な芸名を付けられるのか、恥の文化であるはずの私たち日本の社会で、なぜあそこまで、恥を忘れられるのか、頭を傾《かし》げるばかりです。

いささか問題から逸脱しました。エンターテインメントだから、人間の俗悪な心性に訴え、それを刺激しなければならない、などということは断じてありません。他方、クラシックだからと言って、そういう好ましくない心性に寄りかかろうとする芸がないわけでもないのです。純文学と大衆文学との区分けを断固拒否した山本周五郎の心意気を思い出してみようではありませんか。

第六章　生命と教養

ドリー誕生と新しい「需要」

教養という概念の中に、流行に棹《さお》ささない、という点がある、と私はあちこちで主張してきました。本書でもそう書いています。あ、この「棹さす」という言葉遣い、念のためですが、「流行（時流）に乗る」という意味ですよ。最近、「流れに逆らう」という意味だと誤解している人が増えた、と何かで読みました。というわけで、広辞苑を引いてみましたら、ご親切なことに、ちゃんと書いてありました。曰く「時流にさからう意に誤用することがある」ですって。広辞苑が保証しているほど、この誤用は広がっているようですね。桑原《くわばら》桑原。

要するに、自分の「分」を守り、人さまがこぞって何をしようと、そのことが自分で決めた「分」の中に入っていなければ、冷然と無視できる勇気を培ってくれるのが、教養の働きの一つだと、私は考えています。

話は飛躍するように見えるかもしれませんが、この点は、現代の技術開発と重要な関係があります。「必要は発明の母」という言葉があります。というよりは、むしろ、ありました、という方が適切かもしれません。どうやら、現代は、話が逆さまなようです。日本の代表的な自動車メーカーのお偉方が、こんなことをおっしゃったそうです。「需要は探し出すものではなく、造り出すのだ」。そこに需要があるから、技術は、それに応える。それが通常の定式なら、この発言は、それを根底から否定しています。技術が需要に先行する、技術が可能性を示すことで、それに見合う需要が掘り起こされ、造り出されるのだ。企業家の使命はそこにある。そうおっしゃりたいのでしょう。

この言葉を聴いて思い出したことがあります。ドリーという羊が生まれました。もう忘れられてしまっているかもしれないので、一寸復習しておきましょう。話は、スコットランド、エディンバラ大学の家畜の医学を扱うロスリン研究所（Roslin Institute）に始まります。そこで、次のような実験が行われました。羊の乳腺細胞を取り出し、特殊な培養液の中で培養して「全能性」を与える。全能性というのは、何にでもなることができる能力、という意味です。受精卵は、子宮内で、細胞分裂を繰り返す間に、次第に神経細胞へ、骨細胞へ、皮膚細胞へ、というように、特定の細胞へと「分化」しますが、そうなる前は、何にでもなれる能力を持っていたわけですね。そして、取り出された乳腺細胞も、全能性を持った受精卵から、そうした分化の過程を経て「乳腺細胞」になったわけです。その乳腺細胞が、「全能性」を得るということは、そこまでの「分化」の過程を逆に辿って、最初の状態に戻った（だから、よく時間が巻き戻された、という表現が使われます）ことになります。この細胞の染色体は、体細胞の一種ですから二倍体（染色体が対になって二揃いあること）です。

次に別の雌の羊の子宮から、未受精卵を取り出します。未受精卵ですから、染色体は一倍体（一揃いだけ）です。この卵細胞の核（染色体が内包されている部分）を除去します。そして、替わりに、先ほどの「全能化された」乳腺細胞の内容を、そこへ注入し、細胞融合させます。すると、この細胞は、本来は未受精卵でしたから一倍体だったはずですが、細胞融合後には、二倍体になり、受精が済んだ卵と同じことになります。これを、代理母である別の雌の羊（卵を提供した雌羊でもよかったのかもしれませんが、この実験では代理母が使われました）の子宮に移植したところ、誕生したのがドリーと名付けられた羊でした。約五年間生き永らえることができました。

文章で書くと、これだけの実験で、簡単そうなのですが、実際はさにあらず、そこには、幾つか越え難いハードルがあって、幾つもの実験のなかで、ようやく一例の成功例を得た、というのが、本当のところです。

ドリーの誕生（一九九六年）は、世界に衝撃を与えました。というのも、動物のなかでは、進化の進んだと考えられる哺乳動物のヒツジで、性交を伴わない、言わば単為生殖が実現したことは、基本的には未曽有と言ってよいからでありました。しかも、その個体は、とにもかく、五年間も生存したのです。そして、このことは、単なる生物学以上の広い含意を持っていました。そこで、ようやく、この話を始めた理由を語るべきときです。

この件が新聞に報道された翌日、アメリカのある産科医に見知らぬ女性から電話がかかってきました。「ドリーと同じ方法で、私たち夫婦の間に子供を得ることができるようになるまでに、どのくらい待たなければならないのでしょうか」、電話の主は、そう医師に訊ねたのでした。お判りでしょうか、今から四半世紀ほど前、まだ世界的に見ても、性的マイノリティが、社会的な権利を充分に獲得するには至ってはいないと言える時代でした。ご想像の通り、電話の主の「私たち」というのはレズビアンの夫婦、つまり女性同士の「夫婦」のことでした。私は、新聞のドリーに関する一片の報道記事から、そこまでの連想を直ちに働かせたこの女性たちの理解力を、むしろ讃えたい思いもありますが、女性同士の間で、一方が未受精卵を提供し、もう一方が体細胞を提供し、それらから受精卵相当の生殖細胞を造り、どちらかの子宮（常識的に言えば、卵を提供した方の女性の子宮）で育てる。原理的に言えば、それが可能であることが、ドリーによって立証されたことになるのです。念のためですが、今でも国際的な了解として、人間にこの種の操作を試みることは、はっきりと禁忌である、ということになっています。

いずれにしても、この新聞報道があるまでは、この理解力豊かなお二人の女性でも、自分たちだけで、二人の間の愛の結晶を得ようとすることは、およそ考慮の外にあったはずです。つまりドリーを生み出した技術イノヴェーションが、今までに考えられもしなかった、新しい「需要」を造り出したことになります。

「新型出生前診断」NIPTの発明

同様の例をもう一つ考えてみます。現在日本社会でも問題になっている「新型出生前診断」、通称NIPT（non-invasive prenatal genetic testing）がそれです。在来型の「出生前診断」というのには、絨毛検査と羊水検査の二種類があります。絨毛検査というのは。妊娠が始まると胎盤が形成されますが、絨毛は、胎盤の表皮の突起様のもので、子宮筋膜と食い込むように繫がっていますが、検査には、腹部に針を刺して採取する経腹的方法と、性器から採取する経膣的方法の二種類があります。羊水検査も同様腹部から穿刺針《せんししん》を刺して羊水を吸引し、そこに含まれる胎児の細胞診を行うことで、かなり多くの胎児に関する情報を確認することができるようになっています。しかし、どちらも、母体（場合によっては胎児にも）への「侵襲」（invasion）であることは間違いがなく、絶対に安全ということは言えない検査です。これに対して、「新型」というのは、英語の〈non-invasive〉（非侵襲的）という形容詞が示すように、安全という面では、極めて画期的な方法であると言えます。

というのも、妊娠した女性（母体）の血液のなかに、胎児由来のDNA（細胞核に閉じ込められていない、という意味で〈cell-free〉と呼ばれる）が見つかり、そこから、胎児の情報を読み取る技術が、次々に開発されてきました。最初は男女の性別から始まり、やがて染色体異常の一つ、トリソミーを検出する方法が生まれました。通常体細胞のなかでは、ゲノムを包み込む染色体は、二対存在します。ヒトでは二三対、計四六本ということになります。二三番目の染色体は性決定に関るので、性染色体と呼ばれますが、女性と男性では違いがあります。女性では、同じXという染色体が対になっています（「ホモ」と言います）が、男性では、一方はXですが、もう一方はXに比べてはるかに小さいYとされる染色体が向かい合います（「ヘテロ」と言います）。二二番目までの染色体を、性染色体と区別して、常染色体と呼びます。原理的には、体細胞における性染色体の対の一方は、男性の場合は、親に当る人の精子由来のY性染色体と、母の卵由来のX染色体を含みます。したがって生殖細胞が造られる際の減数分裂で、X精子とY精子とに分かれるのに反して、女性の場合には、体細胞はどちら由来でもXXですから、卵を造るときの減数分裂でも、卵の性染色体は、Xだけです。

　性染色体の場合は、こうしたやや複雑な事態になっていますが、常染色体の場合は、基本的には相同ですから、精子、卵子形成の際に、減数分裂で一倍体になった後、受精で、素直に対になる（二倍体になる）のが原則です。ところが、何かの間違いで、ある染色体が、二本対になって揃わないような場合（そこは一本だけになりますので「モノソミー」と言います）、あるいは、生殖細胞形成時の減数分裂がうまくできなくて二倍体のままになった精子あるいは卵で、受精でもう一本加わったりする場合（その場合はその染色体は、三本になりますので「トリソミー」と言います）などが生まれることがあります。「ソミー」というのは、染色体をヨーロッパ語で〈chromosome〉と言いますが、〈chromo〉が「色素」に当り、〈some〉は「体」を表しますので、それを受けているわけです。

さて、こうした受精の際に起こる不都合は、多くは致死因子となります（胎児として発育できずに、流産になります）が、事故の起こる染色体によっては、問題を抱えながら、誕生まで漕ぎつけることができます。ここで、NIPTが解析できるとしたのは、13、18、21トリソミーでした。この番号はヒト染色体に付されたもので、ほぼ大きさ（長さ）の順番に、二三個の染色体の名付けになっています。この方法で最も確実に判るのは21トリソミー（症状は、通常「ダウン症候群」と呼ばれる）で、18と13トリソミーの識別精度は、21に比べると落ちるとされ、陽性が出た場合は、羊水検査で確認するよう、産科医は勧めていると言われます。なお、13トリソミー（パトー症候群）や18トリソミー（エドワーズ症候群）は男の胎児にとってはほとんど致死的で、生まれてくることは非常に少ないが、女の胎児は、通常重い障害はあるものの、生まれて、ある程度生き永らえる可能性が男児よりは大きいとのことです。ただ、女児の場合も、充分永くは生きられないと言われます。それらに比べて21トリソミーは、周知のように、障害の程度も軽度で、充分に自らの生涯を全うすることのできる存在として認知されています。

「着床前診断」という新技術

なお、この検査は、その方法が当初アメリカ、カリフォルニア州サンディエゴの企業シーケノム（Sequenom）社の独占となっており（その後、同じカリフォルニアのヴェリナータ社＝Verinata Healthも独自に開発）、日本では保険が効かないところから、クライアントはかなり高額の検査料を払う一方、それを引き受ける医療機関は、自らは要するに検体を取り次ぐだけで、検査料の相当部分が手に入るために、周産期医療に全く関係のない、したがって、こうした遺伝的要素の関係する問題を抱えた出産に、充分対応する資格も知識もないような医療機関まで、こぞって検査を受け付ける、という不都合な事態が生まれたのです。念のために付け加えますが、トリソミーで生じる症候群は、決して「遺伝性疾患」ではありません。つまり遺伝子そのものの異常による疾患や障害ではないことには留意する必要があるかもしれません。特に、中国で、新たに廉価で解析を引き受ける企業が出現して、検査を受理した日本の一部の医療機関は、濡れ手に粟の収入に有卦《うけ》に入った、と言われています。日本産科婦人科学会は、出産指導などの資格の認定などで、制御に努めたのですが、あまり効果が見られず、認定の幅をかなり広げる処置をとったりしてきています。

良心的な周産期医療の専門家は、そもそも、そうした検査があることを、クライアントに紹介すること自体に極めて慎重です。というのも、医師が言及すること自体が、こういう方法があるので試してみては、と勧めていることと受けとられるためで、実際、日本ではＮＩＰＴで陽性と判断された場合に、九〇％近くの人々が、中絶を選択するという結果も出ています。もともと検査を要求すること自体が、陽性であれば、否定的処置をする、という前提の上でのことなので、この数字は、驚くべきことではないかもしれませんが。医師がこの方法の存在をクライアントに告げないという選択肢もあり得ますが、仮に出産後にある種の障害が判った時に、親に当る人から、説明の不足として、訴えられる事例（アメリカでは多く見られるとのことです）も考えられるので、良心的であればあるほど、医師は悩むことになります。

この事例でも、かつては絨毛検査、羊水検査のような検査方法があるものの、侵襲度が高いことがブレーキになって、多くは、異常が起こる確率が高くなる超高齢出産や、先に生まれた子供に、重篤な遺伝子異常がみられたような場合に、暗々裏に利用されてきた出生前診断が、お金さえ払えば極めて安直に実行できることになって、出生前診断の様相が、ＮＩＰＴの出現でかなり変わったと言えます。

ほかにも、出生前診断どころか、着床前診断という技術もあります。これは体外授精の際に可能となる方法です。体外授精では、〈in vivo〉（生体内で）ではなく、〈in vitro〉（試験管内で）に卵と精子を取り出して、そこで人工的に授精をさせた上で、その受精卵を母になるべき人の子宮に着床させるわけですが、現在では子宮に戻す前に、受精卵の遺伝子診断を行うことができます。そこで、なんらかの障害が発生する可能性があるときは、受精卵を子宮に戻さなければよい、という考え方が成り立ちます。ここに卵の「選別」が行われることになります。もちろん倫理上、この方法を問題視する立場もありますが、考えようによっては、より深刻なのは、卵選別の目的だけのために体外授精を希望する「親」が現れていることです。日本の産科婦人科学会では、不妊治療以外の目的のために、体外授精を行うことを認めていませんが、海外では、実際に、そうした要望を持つ「親」の意向に沿った処置をしていることもあるとされています。たしかに、出生前診断で、然るべき負の結果が判った時に、胎児を堕胎させるよりは、選別された卵を着床させない、という方法で、妊娠を回避する方が、「親」の立場としても、生理的なリスクや、心理的な負い目がないだけ、望ましい、ということにもなります。それも、技術の進歩が拓いた可能性であり、かつては存在しなかった要求を、技術の進歩が引き出した例と考えることができましょう。

要するに、新しい技術が新しい可能性を示すたびに、人類は、これまでにはなかった欲求を醸成され、それに向かってひたすら行動する、というパターンが、とりわけ生命現象をめぐって、深刻な問題の数々を惹き起こしていると考えられます。

中国で開かれた「禁断の扉」

同じような例を、もう一つ見てみましょう。二〇一八年中国のある研究者が発表したニュースは世界を震撼させました。人工授精で双子の赤ちゃんが生まれた、というニュースです。

「遺伝子組み換え技術」という概念は、すでに私たちにも馴染《なじ》みになっています。一九七五年頃を境に、遺伝現象を司るDNAの鎖を、ある場所で切ったり、あるいは一部を切り取ったり、あるいは、あるDNAの切片をある部分に挟み込んだりする、そういう技術が、開発され、植物などでは、実際に利用される例が生まれました。「遺伝子組み換え作物」（GMO＝Genetically Modified Organism）と呼ばれるもので、トウモロコシや大豆などでは盛んに行われてきました。例えば、畑の雑草を枯死させる薬品を使う際に、育てている穀物まで枯死させては元も子もないので、特に当該の薬品に対して耐性を発揮できるような遺伝子的改変を行う、というような場面で、応用され始めました。

日本社会は、こうした遺伝子の操作に対して神経質のようで、今度のコロナ・ワクチンも、従来型の弱毒化したウイルスを使う手法と少し違って、その製造に遺伝子レヴェルでの操作が組み込まれていることを捉えて、接種すると人間の遺伝子が影響を受ける、などという脅し文句がSNS上に並んでいたりしましたが、豆腐のような大豆製品にはことさら「国産」などというラベルが貼ってあったりするのを見ても、GMOに対する日本の消費者の及び腰は顕著であるような気がします。

それはともかく、そうした遺伝子組み換え技術は、その当時から比べると格段に精密になり、正確になって、現在は「ゲノム編集」（genome-editing）技術という表現が使われるようになりました。そのなかでも、発案者の二人（E.Charpentier〈1968～〉＝仏とJ.Doudna〈1964～〉＝米、期せずしてお二人とも女性です）が二〇二〇年のノーベル化学賞を受賞した新技術クリスパー・キャス９（Crispr- cas9）という方法は、簡便さにおいても正確さにおいても画期的なものでした。

上述の中国で生まれた双子は、まさしくこの方法の適用を受けてこの世に送り出されたものでした。体外受精をする際に、ＨＩＶ感染を防止するための遺伝子改変を行ったものだ、と中国の関係者は発表しています。父親がＨＩＶ感染者、母親は健常者という夫婦に、生まれてくる子供をＨＩＶ感染者にしたくない、という願望があったために、この処置を施した、というのです。しかし、中国では、これまでにも、ゲノム編集技術の実用化に異様な熱意を示し、二〇一四年にはサルにクリスパー・キャス９の技法を施した個体の出生を見た、という報告もあり、さらには、この二〇一八年に生まれた双子（二人とも女児でした）が、人工的遺伝子改変で、自然に与えられた寿命よりもかなり短い寿命しか享受できない可能性が高い、という指摘もあり、生命倫理上、許されることではない、というのが、国際的な反応です。しかし、この中国の試みは、やろうと思えば、親や周囲の思惑を実現するように遺伝子を操作した子供（一般にデザイナー・ベビーと言われます）を生み出すことが、原理的には可能であることを立証したことになり、言わば「禁断の扉」が開かれた、と解する人々も少なくありません。

子供を「造る」人々

子供は天からの授かりもの、様々な姿があってこそ、人間は、多様でいられるのだ、というこれまでの倫理観、あるいは人間観が、根底から覆ることにもなりかねない状況が生まれつつあります。これまでにも、特にアメリカでは、デザイナー・ベビーに類する事態がなかったわけではありません。例えば、アメリカの精子バンクでは、ノーベル賞受賞者の精子と銘打たれたものが高値で取引されてきましたし、卵子バンクは、技術上かなり難しいので、普及してはいませんが、有名モデルの卵を買い、有名な学者の精子を買って、それを体外受精させ、自分の子宮に移植して育てる、ということさえ、密かに行われているとさえ言われます。しかし、遺伝子そのものに手を付け、自分の思い通りの形質が現れるようにコントロールした上で、子供を造る（嫌な言葉ですが、この場合はまさしく「造る」という言葉が適切になります）という、これまで、夢想の世界でしかなかった事態が、技術の発展のお蔭で、実際化も考えなければならないのです。付け加えておきますが、女性同士の「夫婦」の場合については、先に述べたのですが、男性同士の場合はどのような考え方があるのでしょうか。例えば、どちらかの精子を使って、卵は買うか、篤志者に提供して貰って、体外受精を行い、それを代理母（卵の提供者である可能性は高い）の子宮に戻して、出産まで依頼する、というような方法を考えることはできます。しかし、例えばフランスの民法（他者のための懐胎あるいは出産に関するすべての契約は無効である）などを参看する限り、法的規制がかかることが多いと思われます。ここでの「契約」は、金銭を伴う場合だけでなく、無償の、当事者同士の善意に基づくものであっても、例外としないと考えられます。

人間は、やれることは何でもやる、のでしょうか。できることの限界は、一〇〇までであるが、自分としては、自分の課した則に従って、八〇で止める。人間には、そうした「則」が必要なのではないでしょうか。私は、それこそが、教養あることの実体であると、信じています。命をめぐる、少し別の局面にも、目を向けてみましょう。

京都ALS嘱託殺人事件

最近日本でも、実際に日本人で実行した人の話が、TVなどでも伝えられて、徐々に知られるようになったことですが、アメリカ、オランダ、ベルギーなど、欧米諸国のなかで、安楽死や準安楽死に関して、法的規制が撤廃、あるいは緩和され、自死を実行することが、かつてよりもはるかに容易になってきました。

無論、日本でもこれまで、自死を実行した人に法的制裁が加えられたわけではありません。もともと亡くなった方に法的に制裁など、とは思いますが、被疑者死亡のまま送検、ということはままあります。しかし、自死者は被疑者にはなりません。日本の刑法にも、民法にも、自死が違法であることを定めた文言はありません。ちなみに、「傷害」の場合も同様で、他人を傷つければ「傷害罪」が成り立つのが普通ですが、自分を傷つけても法律上の「罪科」は発生しません。しかし、他人が自死という行為に手を藉《か》すことは、法的に罰せられる原則があります。もともと刑法には幇助《ほうじょ》罪というのが規程されていて、違法な行為に手を藉すことは、当の違法行為と同等の処罰を科すと定められています。しかし、自死自体は違法行為ではないにも拘わらず、自殺幇助は幇助罪として明白な処罰の対象になります。また教唆罪の規定もありますが、再び自殺自体は犯罪ではないのに、自殺の教唆も罪になります。また本人から依頼を受けて殺す場合の嘱託殺人、また本人の承諾を得て殺す場合の承諾殺人は、ともに殺人罪のカテゴリーになります。念のためですが、平成十八年（二〇〇六年）自殺対策基本法が成立していることは付け加えておきましょう。

要するに、本人以外の人間が自死に関与した場合には、刑法は、何らかの形で罪に問うのが、日本の法体系だと考えられます。安楽死の場合は、おおむね関係するのは医師であり、例えば二〇二〇年に発生した嘱託殺人事件が、まさしくその典型例でした。京都在住の五十代の女性がＡＬＳを患っており、ＳＮＳ上で探し当てた二人の医師（なお、このなかの一人は医師免許にもともと不備があったとのこと）に依頼して、バルビタール系の薬物を投与され、死に至った事件です。この場合、二人の医師は、彼女の主治医どころか、それまでに、診療をしたこともない、基本的には自死を幇助するためだけに、言わば雇われた形であったので、世間を騒がせたのでした。ここでは「幇助」と書きましたが、薬物を投与したのが医師で、本人が自分で摂取したのではないために、罪状とされたのは嘱託殺人であったわけです。こうした場合に、通常最大の「被害者」は、実は自死に手を藉した医師だと私は思います。医師は、発覚すれば、免許の剝奪にも繫がりかねませんし、心理的負担もまた、言語を絶するものがあると思うからです。

安楽死と「六つの目」

念のために書いておきますが、私の父親は病理学を専攻した医師でしたが、私が未だ十分健康で、理科系の教育に耐えられるはずであった高校二年生のとき、進路志望を私に訊ねました。一応医学系を目指すと答えた私に、ちょっと表情を崩した上で、直ちに真顔になって、「覚悟があるか」と尋ねました。その覚悟には二つあると言うのです。一つは、医師として、どれほど力を尽くしても、患者の命を救えずに、死を看取ることの方がはるかに多いという事態に耐える覚悟。もう一つは、どれほど手を尽くしても患者の耐えられない苦痛を終わらせることができず、しかも、予後は生き永らえる希望なしとしなければならないとき、患者の苦しみを終わらせる手段として、患者の命を自らの手で断つだけの覚悟。そのとき、私は完全にたじろぎ、父の問いに答えませんでしたが、内心では、第一の覚悟はともかく、第二の覚悟は備えられそうにないと思ったのでした。

今から思うと、父は海軍軍医でもあって、戦場の修羅場の体験も持つ人でありましたので、とりわけそうした極限状況も頭にあったとも、想像しますが、いずれにしても、彼が尊敬していた森鷗外の「高瀬舟縁起」という文章にもあるように、医療においては、安楽死も決して目を背けるべきでない必然の問題であると、彼は考えていたことは明らかで、それは必ずしも戦場でなくとも、医療一般にあっても、少なくとも当時は、当然のことであったように思います。

これは他のところでも書いてきたことですが、別の機会に、父は「六つの目」という言い方をしていました。安楽死は、患者、主治医など、絶対的な信頼関係で結ばれた関与者が三人以内に留まるときのみ、熟慮の上実行に移すことがあっても仕方がないが、それ以上に及んだときは、決してなすべきではない、という戒めの言葉だったようです。実際、現在でも、色々な事例を勘案すると、安楽死が露わとなって刑事に発展するのは、関ったスタッフからの申告（「たれこみ」や「密告」という言葉をここで使うのは適切ではないでしょう）が伴っているケースがほとんどです。特に、今の病院システムでは、主治医という、患者と絶対的な信頼関係を結べる存在を期待することは不可能ですし、さらに患者には、多くのコメディカルの方々が関っていますから、そもそも「六つの目」という条件は、全く成り立ちません。

オランダはなぜ「安楽死」を認めたか

話が少し、別の方に流れました。近年最もこの問題で先端的な姿勢をとってきたのがオランダですので、オランダの事情をさぐってみましょう。最も有名で、オランダの安楽死にとって最大の出発点となったのは、ポストマ事件と言われるものでした。一九七三年のことです。ポストマという女性の医師が、自分の母親が、病苦に耐えかねて、何度も自殺を図り、結局その懇請に負けて致死薬を与えた事件です。訴追され、有罪となったものの、刑罰は例外的に軽いものであったことが、オランダ社会のなかに大きな論争の種を送り込んだのでした。

それ以来、オランダでは医療界ばかりではなく、一般の世論を含めて、永い論争が続きました。有罪ではあったが刑は軽い、いや、罪は軽くても、罪人となるのは……こうした思惑が医療界にも渦を巻きましたし、世論の方も、双方の選択肢をめぐって、甲論《こうろん》乙駁《おつばく》が重ねられた結果、一九九三年、通常「遺体処理法の改正」と言われる法律が生まれます。世界で最初の「安楽死法」とされたものです。内容は「要請によって生命を終わらせること、および、自死の援助に関する審査」というもので、二〇〇二年から施行されることになったのです。オランダでも、もともと法律上は罪ではないにも拘わらず、他人の自殺を幇助したり、その手段を提供したり、また教唆して自殺に追い込んだときには、それなりの罰則が用意されていましたから、この法改正は、極めて重要な意味を持っていたことになります。実質的には、世界で最初の安楽死容認法であったと言われます。

以来「ベネルックス三国」と言われて、オランダの盟邦であるベルギー、ルクセンブルクも、曲折はありましたが、結局程度の差はあれ、オランダの後を追った形となって今日に至ったわけです。

カレン事件と「ドクター・デス」

これより先アメリカでも、同様の事件があり、ここでは法改正よりも先に突出した個人の行動が、社会的な変革へ結びつきました。きっかけは有名なカレン事件と言われるものでした。一九五四年、カレン・クインランという女学生が、過度のダイエットのなか、コンパで飲酒をしたのが引き金になって、重度の昏睡に陥り、生命維持装置に繋がれたまま、病院での時間が過ぎました。両親は回復の見込みが立たないので、父親を代理人として、生命維持装置の取り外し（いわゆるプラグ・オフ）を病院側に申し出ましたが、病院は承知をせず、両親は裁判に持ち込みました。州の最高裁まで裁判は続き、判決は両親の勝訴となりましたが、それでも病院側はプラグ・オフに応じなかったために、両親は転院させた上で、ようやく生命維持装置は外されました。皮肉なことに、プラグ・オフの後も、人工栄養だけで、カレンの生命はその後も一〇年近く存続し、肺炎のためにようやく彼女にも死が訪れました。この事件は、当然アメリカ社会に大きな衝撃を与えましたが、それを引き取るような形で、一人の医師が、強硬手段を取り始めました。通称「ドクター・デス」、キヴォキアンという医師で、当初は、死刑の執行に際して当時のアメリカではいわゆる「電気椅子」、死刑囚の身体に電極を繋いで二〇〇〇ボルトほどの電圧をかける「電殺」が一般的でしたが、絞首や銃殺よりも人道的という謳い文句で導入された「電殺」が、実はかなりな苦痛をもたらすことが判ってきた頃合いでしたので、キヴォキアン医師は、これに代るべき「薬殺」の方法を刑務所に提案して回りました。最初に一瞬にして意識を失わせる薬品を与え、その後、生命を瞬時に奪う即効性の毒薬を使う、という方法でした。当初は、どこの刑務所も取り合わなかったそうですが、現在では、死刑を容認している州のすべてで、この方法を刑執行の選択肢に加えている（死刑囚に選ばせる）ということです。

やがてキヴォキアンは、この手順を自動装置化したものを開発し、発売を始めました。最初の顧客は認知症に侵された中年の女性で、夫と子供たちの同意の署名のある遺書が用意されました。彼女の場合は、終末期ではなく、充分に生活もできる状態でしたが、遺書には、いずれ訪れる困難を自分にも家族にも負わせるつもりはないので、ここで決着をつける、とありました。結局この装置の利用者は一〇〇人を超えましたが、そのなかの一人ALSの患者で、装置を購入したものの、自分では操作が不可能なので、キヴォキアン自身が操作を担当した一部始終を映像に撮ったものを、CBSのTVで放映したために、殺人罪で起訴されることになり、服役しました。

こうした歴史を経て、アメリカでは、前世紀末あたりから、幾つかの州でPADもしくはPASを容認する法改正が続くことになります。〈PAD〉は〈physician's assistance of death〉あるいは〈physician-assisted death〉の略であり、〈PAS〉は最後の〈S〉が〈suicide〉になった表現です。つまり、このような事態は、安楽死とは一線を画していて、結局は「医師の自殺幇助」に相当すると考えられます。

死だけは自然の手に委ねる

日本でも、幾つかの事例が発生しました。最近では、元東大教授の西部邁が、知人の手を藉りて、自死をしたことが報道され、また小島ミナという女性が、自殺の助けをするスイスの団体によって、自殺したことが、ＮＨＫのルポルタージュ番組や、宮下洋一氏の書物で詳細に報じられ大きな話題になりましたが、結局は、未だ法の緩和には至っていません。

このような生命の終わり方をめぐる社会問題は、教養とはおよそ関係が無いようにも見えますが、自らの生をどのように築くか、ということを、真摯に考えるよすがが教養ならば、自らの死をどのように迎えるか、ということもまた、教養という観点から考えるべき、あるいはむしろ、教養に最も関りのあることであるかもしれません。

もとより、自らの死を、自らの責任の下に管理する、という立場を採らず、死だけは自然の手に委ねる、という選択を選ぶのも、人の持つ教養の力の然らしむるところである、という考えも成り立つでしょう。

おわりに

「おわりに」まで辿り着いて、少しほっとしています。本書は、スタイル社の関るWEB上の雑誌「WirelessWire News」上に掲載したいくつかの論考を主体として構成されています（第一章の初出は月刊『中央公論』二〇二一年八月号）。しかし、もともと、纏まった一冊の書物に仕上げるつもりで書き始めた仕事ではなかったのですが、中央公論新社編集部が関心を示して下さり、新書として纏めてみないか、というご提案をいただいて、編集者の今井章博さんにも関ってもらい、出来上がったのが本書です。当初は、成稿がすでにあるので、と思っていたのですが、いざ、一冊の書物として仕上げる段になったとき、かえって色々と自分に注文ができて、大幅に書き足したり、新しい章を加えて新稿を起こしたりで、当初の出版予定をすっかり狂わせてしまったことについては、弁解の余地がありません。新書担当だった胡逸高さん、社の都合で、途中から胡さんに替わられた黒田剛史さんにはお詫びのしようもありません。

最近しきりに「教養」の代わりに、リベラル・アーツという言葉を聴くようになったことは、「はじめに」で述べましたが、その代替現象は正当なものなのか、ずっと気になっていました。教養に関して、私はいくつかすでに書物を書いていますが、もう一度最初に立ち戻って考えてみたいと思っておりましたので、これまでとは違った工夫として、政治、感染症、日本語、音楽などのテーマと結びつけた記述を試みてみました。この機会を戴いた「WirelessWire News」と、中央公論新社編集部には、そして関ってくださった上述の方々には、篤く御礼を申し上げます。

と同時に、まだ正面から触れるべき問題が残っている、と自分を叱咤する声が聞こえます。一つは宗教の問題です。日本では、社会の根底に宗教心に類するものが確実にありながら、宗教を正面に捉え、信仰としてではなく教養として、考察するということを躊躇するような傾向があります。私自身も、まことに不完全ながら信仰者の片隅におりますが、かえってそれが障害となっているのか、これまで、躊躇の感覚を共有してきた感があります。時間がどれくらい残されているのか、それこそ人知の外にありますが、自分への課題の一つとして、考えていきたいと思います。

「おわりに」の言葉としては、不適かもしれません。ここまでお読み下さった読者に感謝しつつ。

二〇二一年一二月

村上　陽一郎

ラクレとは…la clef=フランス語で「鍵」の意味です。
情報が氾濫するいま、時代を読み解き指針を示す
「知識の鍵」を提供します。

中公新書ラクレ
753

エリートと教養《きょうよう》

ポストコロナの日本考《にほんこう》

2022年2月10日発行

著者……村上陽一郎《むらかみよういちろう》

発行者……松田陽三
発行所……中央公論新社
〒100-8152 東京都千代田区大手町1-7-1
電話……販売 03-5299-1730　編集 03-5299-1870
URL https://www.chuko.co.jp/

本文印刷……三晃印刷
カバー印刷……大熊整美堂
製本……小泉製本

Published by CHUOKORON-SHINSHA, INC.
Printed in Japan　ISBN978-4-12-150753-2　C1295